PAUL MEURICE

THÉÂTRE
(ÉTUDES ET COPIES)

HAMLET
FALSTAFF — PAROLES

D'APRÈS

SHAKESPEARE

PARIS
PAGNERRE, LIBRAIRE-ÉDITEUR
18, RUE DE SEINE, 18

M DCCC LXIV

HAMLET
FALSTAFF — PAROLES

Pour paraître fin juin :

LES

CHEVALIERS DE L'ESPRIT

CÉSARA

PARIS. — J. CLAYE, IMPRIMEUR, RUE SAINT-BENOIT, 7

PAUL MEURICE

THÉÂTRE

(ÉTUDES ET COPIES)

HAMLET

FALSTAFF — PAROLES

D'APRÈS

SHAKESPEARE

PARIS
PAGNERRE, LIBRAIRE-ÉDITEUR
18, RUE DE SEINE, 18

M DCCC LXIV

Droits de représentation, de reproduction et de traduction réservés.

HAMLET
PRINCE DE DANEMARK

En collaboration avec Alexandre Dumas.

THÉATRE HISTORIQUE — 15 DÉCEMBRE 1847

PERSONNAGES

HAMLET . . . . MM.	ROUVIÈRE.
LE SPECTRE DU PÈRE D'HAMLET . .	CRETTE.
CLAUDIUS, roi de Danemark.	GEORGES.
POLONIUS, chambellan	BARRÉ.
LAERTE, son fils.	ROSNY.
HORATIO	PEUPIN.
MARCELLUS	ALEXANDRE.
ROSENCRANTZ.	ARMAND.
GUILDENSTERN	LINGÉ.
PREMIER FOSSOYEUR	BOILEAU.
DEUXIÈME FOSSOYEUR—FRANCISCO.	CASTEL.
UN COMÉDIEN. — LE PROLOGUE. —	
GONZAGUE	BEAULIEU.
LUCIANUS. — UN MOINE	BONNET.
FORTINBRAS, prince de Norvége	* * * .
BERNARDO.	* * *
GERTRUDE, reine de Danemark . . . . Mmes	M. PAYRE.
OPHÉLIE, fille de Polonius.	B. PERSON.
BAPTISTA, reine de théâtre	RACINE.
SEIGNEURS, DAMES, COMÉDIENS, ETC.	

PREMIÈRE PARTIE

Plate-forme devant le château d'Elseneur.
— La nuit.

SCÈNE PREMIÈRE.

FRANCISCO est en faction, BERNARDO entre.

BERNARDO.

Qui vive?

FRANCISCO.

Répondez, vous d'abord. Halte-là!

BERNARDO.

Vive le roi!

FRANCISCO.

C'est vous, Bernardo : bien cela!
Vous êtes ponctuel.

BERNARDO.

Voilà minuit qui sonne.
Va dormir, Francisco.

FRANCISCO.

(Soufflant dans ses doigts.)

Merci! La bise est bonne!
Je suis transi!

BERNARDO.
Dis-moi, dans ta faction, rien
Ne t'à dérangé?

FRANCISCO.
Non, pas une souris.

BERNARDO.
Bien!
J'attends mes compagnons de garde. Sur ta route,
Dis-leur, si tu les vois, qu'ils se hâtent. Écoute,
N'est-ce pas eux?

SCÈNE II.

Les Mêmes, HORATIO, MARCELLUS.

FRANCISCO.
Qui vive?

MARCELLUS.
Amis.

HORATIO.
Sujets du roi.

FRANCISCO.
Salut!

MARCELLUS.
Salut, mon brave.

(Sort Francisco.)

Hé! Bernardo, c'est toi?

BERNARDO.
Oui.

(Touchant dans l'ombre la main d'Horatio.)
C'est Horatio que voilà, je suppose?

HORATIO.
C'en est un bout toujours.

PREMIÈRE PARTIE.

BERNARDO.

Bonsoir.

HORATIO, avec une incrédulité railleuse.

Çà, quelque chose
S'est-il déjà montré? le spectre a-t-il paru?

BERNARDO.

Non, rien.

MARCELLUS.

Horatio, tu le vois, n'a pas cru
A cette vision qu'ensemble à deux reprises
Nous avons eue.

HORATIO.

Eh! non! chimères ou méprises!

MARCELLUS.

Pour lors, je l'ai prié de veiller avec nous.
Si le fantôme vient encore au rendez-vous,
Il faut qu'il s'en convainque, il faut qu'il l'interpelle!

HORATIO.

Ah bah! rien ne viendra.

BERNARDO.

La chose est trop réelle.
Est-ce que vous fermez l'oreille aux vérités?
Lorsque deux nuits de suite on voit... Vous m'écoutez?

HORATIO.

Certainement!

BERNARDO.

Eh bien, encor la nuit dernière,
Cette étoile là-bas achevait sa carrière
Du pôle à l'occident au point où maintenant
On la voit justement briller, au coup sonnant
D'une heure, Marcellus et moi...

(Une heure sonne. Apparaît un Spectre, couvert d'une armure complète.)

MARCELLUS.

Tais-toi! prends garde!

Le voilà!

SCÈNE III.

Les Mêmes, LE SPECTRE du père d'Hamlet.

BERNARDO.

Lui, c'est lui! le roi défunt!

MARCELLUS.

Regarde!
Regarde, Horatio! Parle-lui, toi, savant.

BERNARDO.

N'est-ce pas le feu roi tel qu'on l'a vu vivant?

HORATIO.

Oui. C'est prodigieux! l'épouvante me glace.

BERNARDO.

Il attend qu'on lui parle.

MARCELLUS, à Horatio.

Oh! parle-lui, de grâce!

HORATIO, au Spectre.

Toi qui vas usurpant les heures du sommeil,
Et l'armure de guerre et l'auguste appareil
De notre dernier maître endormi sous la pierre,
Qui donc es-tu? réponds. Par le ciel de lumière
Je t'adjure!

(Le Spectre traverse le théâtre.)

MARCELLUS.

Il paraît offensé.

PREMIÈRE PARTIE.

BERNARDO.

Pas un mot;
Il s'en va fièrement.

HORATIO.

Parle! arrête! il le faut!

(Le Spectre disparaît.)

MARCELLUS.

Disparu sans répondre!

(Un silence.)

BERNARDO.

Eh bien, mais il me semble
Qu'Horatio pâlit et que tout son corps tremble.
Ceci n'est-il encor qu'imagination?
Qu'en dit-il?

HORATIO.

Par mon Dieu! si l'apparition
N'avait frappé mes yeux de l'évidence même,
Je n'aurais cru pouvoir l'admettre sans blasphème.

MARCELLUS.

Voyons, n'était-ce pas tout le portrait du roi?

HORATIO.

Dis qu'il lui ressemblait comme toi-même à toi.
Je lui vis ce sourcil superbe et cette armure,
Le jour qu'il combattit Fortinbras. L'aventure
Est étrange.

MARCELLUS.

Deux fois dans l'air silencieux
Il a passé déjà tout pareil, sous nos yeux.

HORATIO.

Que veut dire ceci? Moi, je ne me l'explique
Qu'en présage effrayant pour la chose publique.

MARCELLUS.

Et pourquoi donc, au fait, ces gardes chaque nuit?
Ces fontes de canons? cette presse et ce bruit
Dans les chantiers? pourquoi, dimanches et semaine,
Nuit et jour, ce travail fiévreux qui nous surmène?

HORATIO.

Ah! c'est que le feu roi, — que nous venons de voir, —
Fit périr en champ clos, vous devez le savoir,
Fortinbras de Norvége, et, d'après la minute
De leurs conventions, le vaincu dans la lutte
Devait perdre, et perdit, son patrimoine entier.
Mais, maintenant, le fils de Fortinbras, altier,
Hardi, bouillant, s'en vient masser sur la frontière,
Pour un morceau de pain, la bande aventurière
De tous les gens sans feu ni lieu. Que prétend-il?
Reprendre par un coup violent et subtil
Son domaine perdu. Ce n'est donc pas merveille
Si de notre côté l'on s'apprête et l'on veille.

BERNARDO.

C'est très-juste! — et voilà sans doute aussi pourquoi
L'étrange spectre armé revient, semblable au roi
Qui fut, et qui sera, la cause de la guerre.

HORATIO.

L'œil de l'âme est troublé par un grain de poussière.
Ces signes de malheur...

(Le Spectre reparaît.)

Mais chut! voyez là-bas.
Il revient. — Cette fois, il ne passera pas,
Dût-il me foudroyer!

(Au Spectre.)

Illusion, arrête!
Et si la voix te sert encore d'interprète,
Si tu peux proférer quelque son, parle-moi!
S'il faut, pour soulager la peine où je te voi

Et gagner mon salut, faire du bien sur terre,
Parle-moi! Si tu sais quelque effrayant mystère
Funeste à ce pays qui fut heureux par toi,
S'il est temps d'éviter un malheur, parle-moi!

(Le coq chante. Le Spectre s'éloigne.)

Retiens-le, Marcellus.

MARCELLUS.

Faut-il que je le frappe?

HORATIO.

Oui, s'il veut fuir.

BERNARDO.

Ici!

HORATIO.

Là!

(Le Spectre disparaît.)

MARCELLUS.

Non: il nous échappe.
A quoi bon menacer cet être grave et fier?
Il se rit de nos coups : on ne blesse pas l'air.

BERNARDO.

Il parlait, — quand le coq a chanté...

HORATIO, pensif.

Tout de suite,
Tremblant comme un coupable à l'appel qui le cite,
Il a bondi. Le coq, en réveillant le jour
Avec son cri puissant, renvoie à leur séjour,
— On le raconte ainsi, — la troupe vagabonde
Des esprits troublant l'air, le feu, la terre et l'onde.

MARCELLUS.

A la Noël, le coq chante toute la nuit,
Et nul esprit ne sort, nulle étoile ne nuit;

On peut braver, dit-on, sorcier, fée ou génie,
Tant l'heureuse saison dans sa grâce est bénie !

HORATIO.

On le dit, et j'y crois volontiers... — Mais voyez,
Le matin roux là-bas sur les côteaux mouillés
S'avance à l'orient. Terminons notre garde,
Puis allons tout conter à celui que regarde
Cette apparition ; le spectre lui parlait,
S'il eût été présent ! Allons au prince Hamlet.

DEUXIÈME PARTIE

Une Salle du château royal d'Elseneur.

SCÈNE PREMIÈRE.

LE ROI, LA REINE, entrant, HAMLET, POLONIUS, LAERTE, OPHÉLIE, SEIGNEURS ET DAMES.

LES SEIGNEURS.

Vive le roi!

LE ROI, saluant.

Messieurs, merci.

LES SEIGNEURS.

Vive la reine!

LA REINE.

Dieu vous garde, messieurs!

LE ROI.

Je pliais sous la peine
Dont m'accabla la mort d'un frère bien-aimé;
Mais aujourd'hui mon front à vos cris ranimé
Se relève et, malgré ce coup qui le foudroie,
S'éclaircit aux rayons de la publique joie;
Car tout chagrin, si grand qu'il soit au cœur blessé,
A son terme ici-bas par la raison fixé.
J'ai donc, d'un cœur joyeux, et qui pourtant soupire,
Pour régner avec moi sur ce vaillant empire,

Par votre avis, avis pour moi plein de douceur,
Choisi celle qui fut autrefois notre sœur.
Maintenant que ma main à la sienne est unie
Et que cette union par le prêtre est bénie,
Pensons à l'État. Vous, Laerte et Voltimand,
Vous irez en Norvége y porter hautement
Au vieux roi notre plainte.

(Remettant à Laerte un pli cacheté.)

Il s'agit de la bande
Qu'enrôle son neveu Fortinbras. Je demande
Qu'il mette ordre à cela. Vous partirez ce soir.

LAERTE, s'inclinant.

Seigneur, ce sera fait.

LE ROI, à Polonius.

A peine as-tu pu voir
Ton fils, Polonius : il arrive de France,
Et nous te l'enlevons !

POLONIUS.

Glorieuse souffrance !

LA REINE, prenant la main d'Ophélie.

Votre Ophélie est là près de vous, par bonheur.

POLONIUS.

Mon fils, ma fille et moi, sommes à mon seigneur.

LE ROI, s'approchant d'Hamlet, qui, pâle et vêtu de noir, se tient à l'écart.

Maintenant, cher Hamlet, pourquoi cet air morose,
Mon cousin et mon fils ?

HAMLET.

Seigneur, laissons la chose
Telle qu'il plut à Dieu la faire en son dessein :
Vous savez que je suis plus que votre cousin
Et moins que votre fils.

LA REINE.
Mon bon Hamlet...
HAMLET.
Ma mère?
LA REINE.

Quand trouverons-nous donc ta douleur moins amère?
Quand voudras-tu quitter ces lugubres couleurs,
Et témoigner au roi des sentiments meilleurs?
Ton regard vers la terre à chaque instant retombe,
Comme pour y chercher la pierre d'une tombe.
Hélas! c'est une loi de la fatalité
Que chacun de nos pas mène à l'éternité.

HAMLET.
Ce que vous dites là, personne ne l'ignore.

LA REINE.
S'il en est donc ainsi, pourquoi paraître encore
Si triste, si souffrant et si chargé d'ennuis?

HAMLET.
Oh! je ne parais pas, moi, madame, je suis.
Mon cœur, je vous le dis, ignore toute feinte.
Ce n'est pas la couleur dont cette étoffe est teinte,
Ce n'est point la pâleur de mon front soucieux,
Ce ne sont pas les pleurs qui coulent de mes yeux
Qui peuvent témoigner, croyez-le bien, madame,
De l'immortel chagrin qui gémit dans mon âme.
Non, je sais à présent que deuil, larmes, pâleur,
Peuvent n'être qu'un masque à jouer la douleur.

LE ROI.
Hamlet, soyez certain que, le premier, je loue
D'aussi profonds regrets; mais je crois, je l'avoue,
Que vous gardez le deuil au delà du devoir.
Faut-il contre le ciel à ce point s'émouvoir?
Il est temps de rêver un avenir prospère.
Celui que vous pleurez perdit aussi son père,

Qui, lui-même, frappé par un coup plus ancien,
Dans un jour de douleur avait perdu le sien.
Le devoir filial sans doute veut, en somme,
Un tribut de regrets ; mais ce n'est pas d'un homme,
Ce n'est pas d'un chrétien de se débattre ainsi
Sous les coups du malheur.

HAMLET.

Seigneur, merci! merci!

LA REINE.

Hamlet, je joins mes vœux aux vœux de votre père.

HAMLET.

Je vous obéirai, — si je le puis, ma mère.

LE ROI.

Ainsi devait répondre un fils tendre et soumis.
Nous vous remercions, Hamlet! — Et vous, amis,
Vous avez entendu quelle bonne promesse
Le prince nous a faite : ainsi plus de tristesse!
Venez, la table vide attend nos chants joyeux
Que la fanfare est prête à reporter aux cieux.

(Sortent le roi, la reine, et leur suite.)

SCÈNE II.

HAMLET, seul.

Hélas! si cette chair voulait, décomposée,
Se dissoudre en vapeur, ou se fondre en rosée !
Ou si l'accord pouvait se rétablir un peu
Entre le suicide et la foudre de Dieu !
Seigneur! Seigneur! Seigneur! qu'elle est lourde, inféconde
Et qu'elle a de dégoûts la tâche de ce monde!
Fi de la vie! oh! fi! jardin à l'abandon,
Plein de ronce et d'oubli, de honte et de chardon!

En venir là! Quoi! mort depuis deux mois à peine
Ce roi, qui différait du roi qui nous malmène
Autant que d'un satyre Apollon dieu du jour ;
Ce doux roi, pour ma mère épris d'un tel amour
Qu'il allait s'alarmant si la brise au passage
D'un souffle un peu trop rude atteignait son visage!
Mort! — Oh! non! — Ciel et terre! il est mort cependant!
Oui, leur amour semblait chaque jour plus ardent,
Plus avide... Et, voyez, en un mois! chose infâme!
N'y pensons plus. Ton nom, fragilité, c'est femme.
Un mois! a-t-elle usé seulement les souliers
Qu'elle avait quand, pleurant ses pleurs vite oubliés,
Elle a suivi là-bas le corps du pauvre père?
Quoi! cette Niobé n'a plus de pleurs? Misère!
Un animal enfin, sans raison et sans voix,
Eût gardé sa tristesse à coup sûr plus d'un mois.
Les yeux rouges encor, courir à l'adultère!

(Voyant entrer quelqu'un.)

Mais silence, mon cœur! ma langue doit se taire.

SCÈNE III.

HAMLET, HORATIO, MARCELLUS, BERNARDO.

HORATIO.

Salut, seigneur!

HAMLET, l'apercevant avec joie et surprise.

Que vois-je? Horatio! c'est toi!

HORATIO.

Arrivé d'hier soir de Wittemberg.

HAMLET.

Eh quoi!
Sans me l'avoir appris! Enfin, c'est toi! Je t'aime,
Je t'aime, Horatio, mon frère, autre moi-même,

16　　　　　　　　HAMLET.

Cher et doux compagnon, vieil ami — de vingt ans!
Car nous avons grandi côte à côte. Heureux temps!
Mais qui t'amène ici? quel projet méritoire?
Tu ne nous quitteras qu'expert dans l'art de boire.

HORATIO.

J'étais venu pour voir, monseigneur, le convoi
De votre père.

HAMLET.

Ami, tu te moques de moi,
Dis que c'était pour voir les noces de ma mère.

HORATIO.

Noces bien promptes!

HAMLET.

Non: calcul de ménagère.
Les restes refroidis du funèbre repas
Au banquet nuptial ont pu fournir des plats.
Que n'ai-je avant le jour où l'illusion tombe
Rejoint mon plus mortel ennemi dans la tombe!
Ah! mon père! Ah! je crois toujours le voir venir.

HORATIO.

Comment?

HAMLET.

Avec les yeux de l'âme, en souvenir.

HORATIO.

Je l'ai connu ce prince, âme sereine et bonne.

HAMLET.

Tu ne retrouveras, va! son âme à personne.

HORATIO, après avoir consulté des yeux Marcellus et Bernardo.

Monseigneur, je l'ai vu cette nuit-ci, je croi.

HAMLET, tressaillant.

Tu l'as vu! qui?

HORATIO.

Le roi votre père.

DEUXIÈME PARTIE.

HAMLET.

Le roi Mon père?

HORATIO.

Calmez-vous. Oui, c'était lui, vous dis-je.

(Montrant Marcellus et Bernardo.)

Ils peuvent attester comme moi le prodige.

HAMLET.

Parle, pour Dieu! j'écoute.

HORATIO.

Au milieu de la nuit,
Deux nuits de suite, à l'heure où s'efface tout bruit,
Bernard et Marcellus étant en sentinelle
Ont vu leur apparaître une ombre solennelle.
Un guerrier tout armé, majestueux et lent,
A passé tout près d'eux, et de son sceptre blanc
Il eût pu les toucher. Pas grave, aspect austère.
Et c'étaient bien les traits, le pas de votre père.
Eux, frappés de terreur, immobiles et froids,
L'œil fixe, regardaient, mais sans souffle et sans voix.
J'arrive, ils me font part du secret d'épouvante,
Et j'ai voulu veiller près d'eux la nuit suivante.

HAMLET.

Eh bien?

HORATIO.

Ils disaient vrai : l'Esprit est revenu,
Le même, à la même heure, et je l'ai reconnu.
C'était bien votre père.

HAMLET.

O secrets effroyables!

HORATIO.

C'était lui! mes deux mains ne sont pas plus semblables.

HAMLET.

Et cela se passait?

HORATIO.

Sur l'esplanade, hier.

HAMLET.

Et vous n'avez rien dit à ce spectre si fier?

HORATIO.

Si fait!

HAMLET.

Et qu'a dit l'Ombre?

HORATIO.

Oh! rien; toujours muette!
Il m'a semblé pourtant qu'elle levait la tête,
Et qu'elle allait parler... mais le coq matinal
A jeté son chant clair, et, prompte à ce signal,
Elle s'est échappée et n'est plus revenue.

HAMLET.

Mystère étrange!

HORATIO, vivement.

Oui, mais vérité reconnue,
Songez-y, monseigneur : et nous avons pensé
Que vous deviez savoir ce qui s'était passé.

HAMLET, à part.

O mon cœur, voilà bien d'autres sujets d'alarmes!

(A Bernardo et à Marcellus.)

Gardez-vous ce soir?

MARCELLUS.

Oui.

HAMLET.

Le spectre était en armes?

HORATIO.

Oui.

HAMLET.

De la tête aux pieds?

HORATIO.

De pied en cap.

HAMLET.

Or donc,
Vous n'avez pas pu voir son visage?

HORATIO.

Pardon!
La visière du casque était levée.

HAMLET.

Et l'Ombre
Avait l'air menaçant?

HORATIO.

Non pas menaçant, sombre.

HAMLET.

Rouge ou pâle?

HORATIO.

Très-pâle.

HAMLET.

Et l'œil fixé sur vous?

HORATIO.

Constamment.

HAMLET.

Si j'avais été là!

HORATIO.

Comme nous,
Vous eussiez frissonné.

HAMLET, suivant sa pensée.

Parfaite ressemblance!...
Et l'Esprit est resté?...

HORATIO.

              Mais le temps en silence
De compter jusqu'à cent.

MARCELLUS.

                 Plus longtemps, compagnon.

HORATIO.

Pas lorsque je l'ai vu.

HAMLET.

           La barbe noire?

HORATIO.

                        Non,
Comme de son vivant, épaisse et blanchissante.

HAMLET.

Je veillerai ce soir, et, s'il se représente...

HORATIO.

Soyez sûr qu'il viendra.

HAMLET.

              S'il prend le front sacré
Du père que je pleure, oh! je lui parlerai.

HORATIO.

Prince...

HAMLET.

       Je descendrai jusqu'au fond du mystère.
Oui, dût l'enfer béant m'ordonner de me taire!
Oui, dussé-je sortir des mornes entretiens,
La barbe et les cheveux aussi blancs que les siens!

HORATIO.

Songez...

HAMLET.

        Et vous, amis, quelque événement sombre
Qu'amène cette nuit, que paraisse ou non l'Ombre,

Qu'elle parle ou se taise, au nom de l'amitié,
Gardez-moi ce secret dont vous portez moitié.

HORATIO.

Prince, comptez sur nous.

HAMLET.

Je saurai reconnaître
Votre zèle. C'est bien! A minuit. J'y veux être.

HORATIO.

Nos devoirs, monseigneur.

HAMLET.

Eh! non, pas de devoir,
Votre amitié! la mienne est à vous. — A ce soir.

(Sortent Horatio, Bernardo et Marcellus.)

SCÈNE IV.

HAMLET, seul.

Le spectre de mon père en armes? doute! abîme!
Est-ce que tout ceci cacherait quelque crime?
Oh! quand sera-t-il nuit! Jusque-là, paix, mon cœur!
On cache les forfaits; mais le destin moqueur,
Fussent-ils enfouis sous la terre où nous sommes,
Les traîne tout honteux aux yeux surpris des hommes,
Et nous montre, une nuit, quelque spectre sanglant,
Le poison dans la main, ou le poignard au flanc.

SCÈNE V.

HAMLET, OPHÉLIE.

HAMLET.

Ophélie!

OPHÉLIE, voulant se retirer.

Oh! pardon! je crains...

HAMLET.

La crainte étrange!
Quelle nouvelle aux cieux, dites-moi, mon bel ange?

OPHÉLIE.

Je cherchais...

HAMLET.

Qui?

OPHÉLIE.

Mon frère.

HAMLET.

Hélas! et non pas moi.

OPHÉLIE, doucement.

Êtes-vous triste encor?

HAMLET.

Pas lorsque je vous voi.

OPHÉLIE, secouant la tête.

Prince, vous vous moquez peut-être?

HAMLET.

Sur mon âme!
Je ne suis pas d'humeur à plaisanter, madame.
Je dis ce que je pense et sens ce que je dis.
Les damnés quelquefois rêvent du paradis!
C'est un tourment de plus.

OPHÉLIE.

Si je pouvais vous croire!

HAMLET.

Croyez-vous que l'aveugle errant dans la nuit noire
Aspire à voir enfin ce soleil radieux,
Songe de sa pensée interdit à ses yeux?
Croyez-vous, haletant, quand le nageur succombe
Et se sent engloutir dans son humide tombe,

Qu'il aimerait, assis au rivage embaumé,
Y respirer la vie avec les fleurs de mai?
Moi, je suis cet aveugle à la démarche errante,
Moi, je suis ce nageur à l'haleine mourante,
Et pour moi votre amour, air pur, rayon vermeil,
Serait plus que la vie et plus que le soleil.

OPHÉLIE, joyeuse.

Oh! monseigneur Hamlet, voyez, je vous écoute
D'un visage joyeux... mais le doute! le doute!

HAMLET.

Je croyais que tout ange avait ce don vainqueur
De suivre la parole au plus profond du cœur.
Mais puisque votre esprit dans le doute s'arrête,
Ce que je vous disais, eh bien, je le répète,
Et, si vous soupçonniez de trahison Hamlet...

(Il s'assied à une table et écrit rapidement quelques lignes.)

Regardez son front pâle et lisez ce billet...

(Il remet le billet à Ophélie, la salue et sort.)

SCÈNE VI.

OPHÉLIE, seule et lisant.

« Doutez qu'au firmament l'étoile soit de flamme,
« Doutez que dans les cieux marche l'astre du jour,
« La sainte vérité, doutez-en dans votre âme,
« Doutez de tout enfin, mais non de mon amour. »

SCÈNE VII.

OPHÉLIE, LAERTE, puis POLONIUS.

OPHÉLIE, apercevant Laerte et cachant le billet.

Mon frère!

LAERTE.

Qu'avez-vous, et quelle est cette lettre
Que vous cachez, ma sœur?

OPHÉLIE.

Oh! monsieur parle en maître,
Il me semble!

LAERTE.

Non pas, non, je parle en ami
Qui ne sait ce que c'est que d'aimer à demi,
Et qui tremble toujours que sa sœur adorée
Ne perde une des fleurs dont sa tête est parée.
Dites, comme j'entrais, quelqu'un sortait d'ici?

OPHÉLIE.

Je vous répondrai franc, si vous parlez ainsi.
Celui-là qui sortait, c'est le prince lui-même.

LAERTE.

Et que vous disait-il?

OPHÉLIE.

Il me disait — qu'il m'aime.

LAERTE.

Et vous, vous avez cru?...

OPHÉLIE.

L'aurore croit au jour,
Et l'âme au paradis, et la femme à l'amour.

(Entre Polonius, qui reste d'abord à l'écart.)

LAERTE.

Ah! pauvre enfant, hélas! ignorante et crédule!
Un prince, sachez-le, ne se fait pas scrupule
De jurer ses grands dieux qu'il aime et va mourir,
Si d'un amour pareil on ne le veut guérir.
Puis, le prince guéri, le prince et sa parole,
Ainsi qu'une vapeur, tout fuit et tout s'envole.

DEUXIÈME PARTIE.

POLONIUS, s'avançant.

Que lui dis-tu donc là?

LAERTE.

Rien, — seulement qu'Hamlet,
Tout prince qu'il naquit, tout mon maître qu'il est,
Si par hasard ma sœur était par lui trompée,
Verrait bien qu'au fourreau ne tient pas mon épée!

OPHÉLIE.

Mon frère!

LAERTE.

C'est ainsi!

POLONIUS.

Qu'est-ce donc que j'entends?
Au fait, je m'aperçois que depuis quelque temps
Hamlet autour de toi tourne, plus qu'à ton âge
Ne devrait le permettre une personne sage.

OPHÉLIE, avec joie.

Le prince! vous croyez?

POLONIUS.

C'est bien! nous parlerons
De tout cela demain : puis, après... nous verrons;
Car le roi veut te voir, Laerte, à l'instant même,
Pour te redire un mot de la Norvége...

(Il sort avec Laerte.)

OPHÉLIE, seule, songeuse.

Il m'aime!

TROISIÈME PARTIE

La plate-forme.

SCÈNE PREMIÈRE.

MARCELLUS, veillant, HAMLET et HORATIO entrent;
plus tard, LE SPECTRE.

HORATIO.
Le vent est âpre, et coupe en sifflant le visage.
HAMLET.
Est-il l'heure ?
HORATIO.
Bientôt.
MARCELLUS.
Pas encor !
(Fanfares et bruit dans le château.)
HORATIO.
Quel tapage !
HAMLET.
A force de flambeaux, de coupes et de bruit,
Le roi veut défier le silence et la nuit.
(Une horloge lointaine sonne les quatre coups avant une heure.)
HORATIO.
Écoutez, monseigneur !

HAMLET.

Quoi donc?

HORATIO.

Une heure sonne.
Le spectre va venir sans doute.

HAMLET.

Je frissonne!

(Une heure sonne. Le Spectre paraît.)

HORATIO.

Regardez, monseigneur.

HAMLET.

Quoi?

HORATIO.

Le spectre!

HAMLET.

Où?

HORATIO.

Là! là!

HAMLET.

Anges du ciel, à moi! le voilà! le voilà!

(Au Spectre.)

Que tu sois protégé par un pouvoir céleste
Ou vomi par l'enfer, que dans un but funeste
Ou bien par charité tu viennes m'appeler,
La forme où tu parais m'oblige à te parler.

(Tirant son épée pour l'adjuration.)

Père, Hamlet, majesté, roi, Danois, je t'adjure!
Le doute est trop affreux! réponds, sombre figure.
Enfermé dans la mort, pourquoi ton corps bénit
A-t-il fait éclater sa prison de granit?
Comment, ouvrant pour toi ses lourds battants de pierre,
La tombe, où se ferma sans réveil ta paupière,

T'a-t-elle rejeté, béante, parmi nous?
Qu'est-ce que tout ceci? Pourquoi, spectre jaloux,
Aux rayons de la lune et couvert d'une armure,
Fais-tu la nuit hideuse? et nous, fous de nature,
Pourquoi nous plonges-tu dans des pensers d'effroi,
Qui passent de si haut nos âmes en émoi?
Réponds, que me veux-tu? parle, que dois-je faire?

(Un signe du Spectre.)

HORATIO.

Du doigt il vous appelle et semble avoir affaire
A parler à vous seul.

HAMLET.

Oui, son geste invitant
Me montre cet endroit plus retiré.

HORATIO.

Pourtant,
Restez!

HAMLET.

Mais si je reste, alors, il va se taire.
Je le suivrai.

HORATIO.

Seigneur!

HAMLET.

Qu'ai-je à perdre sur terre?
Ma vie? ah! je vous dis qu'une épingle vaut mieux!
Mon âme? elle est la fille immortelle des cieux
Tout aussi bien que lui, que peut-il donc contre elle?
Un signe encor, j'y vais.

HORATIO.

Mais si sa main cruelle
Du sommet de ce roc penché terriblement
Vous pousse, monseigneur, dans le gouffre écumant;

Si tout à coup, prenant un visage plus sombre,
Quelque aspect effrayant, surhumain... oh! si l'Ombre
Saisit votre raison, vous renvoie insensé!
Songez! la tête tourne, un vertige glacé
Vous prend, rien qu'à plonger sur cette mer profonde,
Rien qu'à prêter l'oreille au bruit sourd de cette onde.

(Nouveau signe du Spectre.)

HAMLET.

Encore! je te suis.

HORATIO, le retenant.

Oh! non!

HAMLET.

Laissez!

HORATIO.

Pardon!
Je ne puis.

HAMLET.

Mon destin m'a crié : mais va donc!
Et rend dans tout mon corps chaque artère enflammée
Plus forte que les nerfs du lion de Némée.
Oui, j'y vais.

(Se dégageant des mains d'Horatio et de Marcellus.)

Lâchez-moi! par le ciel! qu'un de vous
Me retienne, et j'en fais une Ombre. Laissez-nous!

(Sur le geste impérieux d'Hamlet, Horatio et Marcellus se retirent.)

SCÈNE II.

HAMLET, LE SPECTRE.

HAMLET.

Maintenant, parle-moi. Nous sommes seuls : demeure.

LE SPECTRE.

Écoute bien.

HAMLET.

J'écoute.

LE SPECTRE.

Elle va sonner; l'heure
Où je dois retourner aux gouffres sulfureux,
Aux bûchers dévorants.

HAMLET.

Pauvre âme! c'est affreux!

LE SPECTRE.

Oh! garde ta pitié, mais grave dans ton âme
Mes révélations.

HAMLET.

Oui, certe, en traits de flamme.

LE SPECTRE.

Et que le mot *vengeance* y soit de même écrit
Lorsque j'aurai parlé.

HAMLET.

Comment?

LE SPECTRE.

Je suis l'Esprit
De ton père, la nuit, errant, — c'est la sentence,
Et consumé, le jour, des feux de pénitence,
Jusqu'à ce que la flamme ait enfin épuré
Les fautes où, vivant, je me suis égaré.
Secrets de ma prison! ah! si je pouvais dire
Ce que là-bas je souffre et quel est mon martyre!...
Mais vous n'êtes pas faits, mystères éternels,
Pour l'oreille de l'homme et les regards charnels.
— Écoute! écoute! écoute! Aimais-tu bien ton père?

HAMLET.

O ciel!

LE SPECTRE.

Tu voudras donc venger sa mort, j'espère.
Un meurtre infâme...

HAMLET.

Un meurtre?

LE SPECTRE.

Infâme! ils le sont tous,
Mais le mien, exécrable, inouï jusqu'à nous,
Les dépasse en horreur.

HAMLET.

Hâte-toi de conclure,
Et la pensée ailée aura moins prompte allure
Que ma vengeance.

LE SPECTRE.

Bien! — On a su propager
Le bruit que je dormais sur un banc du verger
Quand un serpent m'avait piqué. Mensonge insigne,
Qui fait que le Danois à ma mort se résigne.
Écoute : le dragon dont le venin mortel
Tua ton père, — il a son trône.

HAMLET.

Juste ciel!
Ô les pressentiments de mon âme! ô mystère!
Mon oncle?

LE SPECTRE.

Oui! ce démon d'inceste et d'adultère,
Par son esprit magique et les dons de l'enfer,
Esprit et dons maudits, mais sûrs de triompher,
Fit consentir ma reine à ses désirs infâmes.
Elle que je croyais chaste parmi les femmes,
— Oh! quelle chute, Hamlet! — Hamlet, de mon amour
Digne comme à l'autel, saint comme au premier jour,

De moi qui vivais pur et la main dans la sienne,
Tomber à ce maudit! préférer à la mienne
Cette âme de rebut! et, folle de désir,
Demander à l'inceste un monstrueux plaisir!...
Mais l'air frais du matin me frappe le visage,
Achevons. — Je dormais donc, selon mon usage
De chaque après-midi, sur un banc du verger,
Quand ton oncle vers moi se glissa sans danger,
Muni de jusquiame, et versa la bouteille
Et le mortel poison au creux de mon oreille.
C'est ainsi que pendant mon sommeil, en un jour,
Mon frère me vola couronne, vie, amour;
Et, pécheur, je mourus sans prêtre et sans prière,
Sans extrême-onction, sans regard en arrière,
Et comparus devant le Seigneur irrité
Chargé de tout le poids de mon iniquité.

HAMLET.

Horrible! horrible! horrible! ô comble de l'horrible!

LE SPECTRE.

Pourras-tu le souffrir, à moins d'être insensible?
Laisseras-tu le lit royal de tes aïeux
A la luxure infâme, à l'inceste odieux?
Pourtant, quelque dessein que couve ta colère,
Ne souille pas tes mains et respecte ta mère.
Laisse son jugement au Dieu maître et vainqueur,
Et sa peine au remords qui lui ronge le cœur. —
Adieu! je dois partir : à mes yeux se dérobe
Le feu pâle et glacé des vers luisants; c'est l'aube.
Adieu, mon fils, adieu! Souviens-toi! souviens-toi!

(Le Spectre disparaît.)

SCÈNE III.

HAMLET, seul.

O légions du ciel ! sol qui trembles sous moi !
Enfer toujours béant pour l'assassin ! — Silence,
Fais silence, mon cœur ! Vous, point de défaillance,
Mes muscles, prêtez-moi votre plus ferme appui.
Il m'a dit : Souviens-toi. Pauvre chère âme ! oh ! oui,
Oui, tant que le passé dans ce cœur pourra vivre,
Oui, je me souviendrai. Soyez rayés du livre
De ma mémoire, vous, rêves froids et mesquins,
Vulgaires souvenirs, sentences des bouquins,
Conquêtes sans valeur de l'étude frivole,
Vaines impressions d'une jeunesse folle,
Soyez rayés ! J'écris sans mélange insolent
L'ordre seul de mon père au registre tout blanc,
Et j'en efface tout, — jusqu'à l'amour austère
Qui seul me consolait encore de la terre,
Et parfumait mon cœur à tant de maux offert,
Comme ferait un lys éclos dans un désert.
Adieu donc au bonheur, adieu, mon Ophélie !
Un seul désir me presse, un seul serment me lie.

(Tirant ses tablettes.)

Mes tablettes ? notons qu'on peut, la rage au sein,
Sourire, et, souriant, n'être qu'un assassin.
En Danemark du moins ce n'est pas chose insigne.

(Il trace un mot sur ses tablettes et frappe dessus.)

Vous êtes là, cher oncle ! A présent ma consigne :
« *Adieu, mon fils, adieu ! Souviens-toi !* » J'ai juré.

HORATIO, appelant.

Seigneur !

MARCELLUS, appelant.

Seigneur Hamlet !

HAMLET.
Et je me souviendrai.

SCÈNE IV.

HAMLET; HORATIO et MARCELLUS, rentrant.

HORATIO.
Puis-je approcher, seigneur?

HAMLET.
Oui, viens. Viens donc, te dis-je.

(Horatio et Marcellus s'approchent.)

MARCELLUS.
Eh bien?

HORATIO.
Qu'arrive-t-il, monseigneur?

HAMLET.
Un prodige!
Mais, sans plus de détails, il serait à propos
De nous serrer la main et d'aller en repos
Chacun à notre gré, vous, soit à votre affaire,
Soit à votre penchant : chaque homme a dans sa sphère
Une affaire à finir, un penchant à choyer.
Pour moi, faible et chétif, tenez, je vais prier.

HORATIO.
Comme votre langage est étrange, équivoque!

HAMLET.
Mon Dieu! je suis fâché, bien fâché qu'il vous choque.

HORATIO.
Oh! je ne vois pas là d'offense, monseigneur.

HAMLET.
Si fait! par saint Patrick! j'offense votre honneur

En gardant mon secret. Mais ma voie est étroite,
Ne m'en veuillez donc point. Si ce que ma main droite
Vient de résoudre était connu de l'autre main,
Oui, je la trancherais moi-même avant demain.
Maintenant, chers amis, bons compagnons de classe,
De guerre et de plaisir, je requiers une grâce.

HORATIO.

Ordonnez, monseigneur.

HAMLET.

Ne révélez jamais
Ce qu'aujourd'hui vos yeux ont vu.

HORATIO et MARCELLUS.

Je le promets.

HAMLET.

Faites-en le serment.

HORATIO.

Sur l'honneur, je le jure.

MARCELLUS.

Je le jure.

HAMLET.

Jurez sur mon épée.

HORATIO.

Injure,
Monseigneur! deux serments pour des cœurs assurés!

HAMLET.

N'importe! sur l'épée, allons! jurez.

LE SPECTRE, sous terre.

Jurez!

HAMLET.

L'entendez-vous?

HORATIO, tremblant.

Seigneur, changeons un peu de place,
Venez ici.

HAMLET, étendant l'épée.

Posez là vos deux mains, de grâce.
Sur le fer et l'honneur, à jamais vous tairez
Ce que vous avez vu?

LE SPECTRE, sous terre.

Sur le fer, oui, jurez.

HORATIO.

Que veut dire ceci, Dieu profond?

HAMLET.

Ah! la terre
Et le ciel, mes amis, cachent plus d'un mystère
Que la philosophie encor n'a pas rêvé.
Revenons là. Chacun de vous soit préservé
Par la grâce! — Écoutez. Peut-être ma conduite
Sera-t-elle bizarre, étrange par la suite.
Peut-être je feindrai l'égarement des fous.
En me voyant alors, messieurs, promettez-vous
De ne pas secouer la tête de la sorte,
Ni de croiser ainsi les bras, disant : — *N'importe!*
Nous connaissons la cause! ou bien : *Si l'on voulait*
Dire ce qu'on a vu! Si l'un de nous parlait!
Ou bien : *Feinte folie!* ou telle autre parole
Laissant à présumer que vous avez un rôle
Dans ma vie inconnue? Oui, vous me l'assurez,
Chers amis, pas un mot? pas un souffle?

LE SPECTRE, sous terre.

Jurez!

HORATIO et MARCELLUS.

Nous jurons!

HAMLET, remettant son épée au fourreau.

Calme-toi, là-bas, pauvre âme en peine!
Ainsi, j'ai pour garant votre amitié. La mienne

Se fie à vous, messieurs, de tout cœur, et, si peu
Que puisse faire Hamlet, avec l'aide de Dieu,
Pour prouver l'union sainte qui nous rassemble,
Pauvre homme, il le fera. Venez, rentrons ensemble,
Rentrons. — Toujours le doigt sur vos lèvres, amis!
Quelque événement sombre à nos temps est promis.
Mais pourquoi le Seigneur, pour servir sa colère,
Prend-il donc un mortel? quand il a le tonnerre!

QUATRIÈME PARTIE

Salle dans le château. Décor de la deuxième Partie.

SCÈNE PREMIÈRE.

POLONIUS, OPHÉLIE.

OPHÉLIE, entrant vivement.

Mon père !

POLONIUS.

Qu'est-ce donc ? et qui vous trouble ainsi ?

OPHÉLIE.

Oh ! si vous saviez !

POLONIUS.

Quoi ?

OPHÉLIE.

Sommes-nous seuls ici ?

POLONIUS.

Oui. Qu'est-il arrivé ?

OPHÉLIE.

J'étais en train de coudre,
Quand le seigneur Hamlet... mon Dieu ! quel coup de foudre !

Nu-tête, haletant et les cheveux épars,
Son pourpoint déchiré, tremblant, les yeux hagards,
Les genoux se heurtant, et pâle!... oh! ce front pâle
Rapportait de l'enfer quelque terreur fatale!
Dans ma chambre est entré.

POLONIUS.

Fou par amour pour toi!

OPHÉLIE.

Mon père, je ne sais, mais vraiment je le croi.
Me serrant le poignet, il s'écarte, il s'arrête,
Ramène ainsi sa main au-dessus de ma tête,
Et puis, rêveur, détaille et parcourt tous mes traits,
Comme s'il eût voulu les dessiner?

POLONIUS.

Après?

OPHÉLIE.

Il a gardé longtemps cette morne attitude,
Balançant son haut front avec inquiétude
Et secouant mon bras. Enfin, il a poussé
Un soupir si profond, que tout son corps brisé
A pensé défaillir sous cet effort.

POLONIUS, stupéfait.

C'est drôle!

OPHÉLIE.

Puis, la tête tournée ainsi vers son épaule,
Il est sorti, du pas d'un être surhumain
Qui sait bien sans regard retrouver son chemin!
Et, tout fixant ses yeux sur moi d'étrange sorte,
Lentement, sans y voir, il a gagné la porte.

POLONIUS.

Pure extase d'amour! à mon tour, je le croi.
C'est bien la passion... — je vais tout dire au roi... —

La folle passion, fléau mortel des hommes,
Qui se ronge elle-même, et tous, tant que nous sommes,
Du désespoir nous pousse au sombre égarement.
Ne l'as-tu pas aussi traité trop durement?

OPHÉLIE.

Je n'ai fait qu'obéir à votre ordre suprême,
Mon père : l'autre jour, vous m'avez dit vous-même
Que j'étais en danger près du seigneur Hamlet
Et ne devais de lui recevoir nul billet,
Même en vous le montrant. Il m'en a fait remettre
D'autres, mais je n'ai plus lu ni reçu de lettre.

POLONIUS.

Bélître que je suis! oh! mon Dieu! c'est cela!
Je me suis trop pressé, c'est ma faute, voilà!
Pourquoi l'ai-je jugé d'un coup d'œil si rapide?
J'ai cru qu'il s'amusait de toi ; soupçon stupide!
Les jeunes vont chercher leur perte étourdiment,
Mais, vieux, nous sommes sots, nous, par discernement.
—Le roi.—Viens, chère enfant, je ne vais rien lui taire.

OPHÉLIE.

Cependant, ménagez votre fille, mon père.

POLONIUS.

Oui, mais nous répondons de son royal neveu,
Et le silence a plus de dangers que l'aveu.

(Il reconduit Ophélie.)

SCÈNE II.

LE ROI, LA REINE, ROSENCRANTZ. GUILDENSTERN,

LE ROI.

Rosencrantz, Guildenstern, c'est Dieu qui vous envoie
Pour rendre au prince Hamlet la raison et la joie.

Ah! vous ne l'allez pas reconnaître aujourd'hui ;
Sentiments et visage, en lui, rien n'est plus lui.
Est-il ainsi troublé par la mort de son père?
Est-ce un autre souci caché qui l'exaspère?
Vous, mes amis, enfants, vous partagiez ses jeux,
Jeunes gens, ses plaisirs, ses goûts plus orageux;
Restez, pour réveiller la joyeuse folie
Dans cet esprit qui meurt fou de mélancolie,
Et découvrez le mal qui le fait dépérir,
Pour qu'avertis par vous nous le puissions guérir.

LA REINE.

Hamlet parle de vous, chers messieurs, à toute heure.
Votre part dans son cœur est toujours la meilleure,
Demeurez, aidez-nous de vos soins éclairés,
Et ce que tient un roi dans ses mains, vous l'aurez.
Eh bien! nous restez-vous?

ROSENCRANTZ.

Oh! vous êtes la reine,
Et votre volonté, madame, est souveraine.

GUILDENSTERN.

Vous, madame, prier! Commandez, nous voici.

LE ROI.

Cher Guildenstern, et vous, Rosencrantz, oh! merci.

LA REINE.

Cher Rosencrantz, et vous, Guildenstern, mille grâces!
Que le ciel rende ici vos efforts efficaces!
Vous irez voir bientôt mon Hamlet, n'est-ce pas?

GUILDENSTERN.

Nous allons le trouver, madame, dè ce pas.

(Les deux jeunes gens sortent.)

SCÈNE III.

LE ROI, LA REINE, POLONIUS, entrant,
suivi d'un messager.

POLONIUS.

J'apporte, monseigneur, d'excellentes nouvelles!

LE ROI.

Vous êtes coutumier du fait : voyons, lesquelles?

POLONIUS, prenant des mains du courrier un pli cacheté.

D'abord, cette dépêche. Elle arrive à l'instant.
(Présentant le pli au roi.)
De mon fils.

LE ROI, vivement.

De Norvége!
(Il décachette et lit.)
Ah! le roi, mécontent
De Fortinbras, convient que ce chef d'aventure
Armait bien contre nous ses bandes. Il assure
Qu'il s'est pourtant soumis et qu'il veut seulement
Contre les Polonais tourner cet armement.
Sur notre territoire il demande passage.
— C'est bien! ton fils aura réponse à son message.
(Sort le messager.)

POLONIUS, avec ravissement.

Ah! je ne saurais pas démêler, mon bon roi,
Mes respects envers Dieu de ceux que je vous doi!
— Et maintenant, à moins que mon esprit sagace
N'ait plus du tout le don de saisir une trace,
Je crois savoir pourquoi le prince Hamlet est fou.

LA REINE.

Oh! parlez!

QUATRIÈME PARTIE.

LE ROI.

Parlez vite!

POLONIUS, après un temps.

Allant sans savoir où,
Si j'allais disserter, sire, en votre présence
Sur le pouvoir suprême et sur l'obéissance,
Sur la nuit, sur le jour, sur le temps, — sans nul fruit
Ce serait gaspiller le temps, le jour, la nuit.
Or, la concision de l'esprit étant l'âme,
Vous me suivez, seigneur? — écoutez-moi, madame! —
Je dis qu'il faut saisir la cause de l'effet,
Ou la cause plutôt de cet esprit défait;
Car l'effet — qui défait cet esprit — a sa cause.
Or, voici maintenant le vrai sens de la chose :
J'ai ma fille... — je l'ai, car elle m'appartient, —
Et la docile enfant que le devoir contient
A remis ce billet entre mes mains fidèles :

(Lisant.)

« A mon ange Ophélie, à la reine des belles. »
Reine des belles! peuh! vulgaire compliment!

LA REINE.

Est-ce écrit par Hamlet?

POLONIUS.

Par lui-même, oui, vraiment!

(Il lit.)

« Mon cœur pour moi n'est pas un thème à poésie,
« Je ne mets pas mes pleurs en vers de fantaisie,
« Mais laissez-moi vous dire humblement, simplement,
« Je vous aime d'amour, je vous aime ardemment,
« Et, jusqu'à ce que l'âme à mon corps soit ravie,
« Cet Hamlet qui vous parle est à vous, chère vie. »

(Montrant la lettre.)

Et c'est signé, voyez. — Ma fille avant ce jour
M'avait appris déjà, du reste, cet amour.

LE ROI.

Ophélie a donc mal accueilli son hommage?

POLONIUS.

Comment me jugez-vous?

LE ROI.

Mais loyal, probe et sage.

POLONIUS.

Me jugeant donc ainsi, qu'eussiez-vous dit de moi
Si j'avais accepté cet amour sans effroi,
Si j'avais fait mon cœur à mon honneur rebelle?
Oh! que non pas! J'ai dit nettement à la belle :
Le prince Hamlet n'est pas de ta sphère, bijou,
Et tu vas sur le champ t'enfermer au verrou,
Et me tout repousser, et cadeaux et grimoire.
— Elle l'a fait. Et lui, pour abréger l'histoire,
La tristesse l'a pris, ensuite le dégoût,
Ensuite l'insomnie, et puis l'ennui de tout,
Et puis le désespoir, puis enfin la folie
Où son cœur naufragé se débat et s'oublie!

LE ROI, à la reine.

Est-ce que vous croyez?...

LA REINE.

C'est possible, en effet.

POLONIUS.

Quand m'est-il arrivé d'avancer quelque fait
Qui se soit trouvé faux?

LE ROI, souriant.

Je ne sais, à vrai dire.

POLONIUS, montrant alternativement sa tête et ses épaules.

Faites sauter ceci de dessus cela, sire,
Si je me suis trompé! J'irais, lorsque j'y suis,
Chercher la vérité jusqu'au fond de son puits.

LE ROI.

Mais des preuves?

POLONIUS.

Le prince en cette galerie
Aime à rêver. Cachés par la tapisserie,
Nous lui dépêcherons ma fille quelque jour,
Et nous écouterons. S'il n'est fou par amour,
Retirant à l'État son appui le plus ferme,
Vous pourrez m'envoyer diriger une ferme.

LE ROI.

Soit! essayons.

LA REINE, regardant vers la porte.

Hamlet! toujours sombre, mon Dieu!
Il s'avance en lisant.

POLONIUS.

Éloignez-vous un peu.
Laissez-moi d'abord seul le sonder, je vous prie,
Et je vous en rendrai bon compte, je parie.

(Sortent la reine et le roi.)

SCÈNE IV.

POLONIUS, HAMLET, lisant.

POLONIUS.

Comment va monseigneur Hamlet?

HAMLET.

Bien, Dieu merci!

POLONIUS.

Est-ce que monseigneur ne me remet pas?

HAMLET.

Si!
Vous êtes un marchand de poisson.

3.

POLONIUS.

Sur ma tête!
Vous vous trompez.

HAMLET.

Tant pis! vous seriez plus honnête.

POLONIUS.

Plus honnête?...

HAMLET.

Et, mon cher, être honnête aujourd'hui,
C'est bien être trié sur dix mille.

POLONIUS.

Hélas! oui,
La chose est trop réelle!

HAMLET.

Avez-vous une fille?

POLONIUS, à part.

Il y vient!
 (Haut.)
Oui, seigneur.

(A part.)

Pauvre esprit qui vacille!
Me croire, ah! c'est fort drôle! un marchand de poisson.
Le mal est sérieux. Pas l'ombre de raison!
Au fait, je m'en souviens, dans mes jeunes années,
L'amour m'a fait passer de cruelles journées,
Et mes maux quelquefois approchaient de ses maux.
 (Haut.)
Que lisez-vous, seigneur?

HAMLET.

Des mots, des mots, des mots.

POLONIUS.

Mais le sujet du livre?

HAMLET.

Oh! pure calomnie!
Le satirique assure, en sa pauvre ironie,
Que les vieux sont ridés, que leurs cheveux sont gris,
Que l'ambre coule à flot de leurs yeux appauvris,
Que leur esprit est faible et leur jarret débile :
Vérités dont je jure aussi, sans être habile,
Mais qu'il est malséant d'écrire selon moi;
Car enfin vous auriez mon âge, que je croi,
Si vous pouviez, du temps fuyant les maléfices,
Marcher à reculons, comme les écrevisses.

POLONIUS, à part.

C'est fou! mais sa folie a du sens par lambeau.
(Haut.)
Venez-vous changer d'air?

HAMLET.

Où donc? dans mon tombeau?

POLONIUS, à part.

C'est un moyen, au fait, la réponse est sentie!
Les fous vous ont parfois certaine repartie
Que l'esprit le plus sain ne trouve pas toujours.
Quittons-le. Mais il faut, certes, qu'un de ces jours,
Par quelque circonstance habilement prévue,
Entre ma fille et lui j'amène une entrevue.
(Haut.)
Je prends très-humblement congé de vous, seigneur.

HAMLET.

Prenez, monsieur, prenez; je ne puis, en honneur,
Vous abandonner rien d'une âme plus ravie...
A part ma vie, à part ma vie, à part ma vie!

POLONIUS.

Adieu donc, monseigneur.

HAMLET, à part, haussant les épaules.

Le vieux fou ! quel ennui !

POLONIUS, rencontrant à la porte Rosencrantz et Guildenstern.

Sans doute vous cherchez le seigneur Hamlet ?

ROSENCRANTZ.

Oui.

POLONIUS.

Le voici.

GUILDENSTERN.

Dieu vous garde !

(Sort Polonius.)

SCENE V.

HAMLET, ROSENCRANTZ, GUILDENSTERN.

GUILDENSTERN, courant à Hamlet.

Oh ! monseigneur...

ROSENCRANTZ.

Cher maître !

HAMLET.

Mes bons amis, c'est vous ! Ah ! je me sens renaître.
Votre main ! votre main ! Comment donc allez-vous ?

ROSENCRANTZ.

Comme de bons vivants narguant le sort jaloux,
Heureux sans bonheur lourd et sans joie importune.

GUILDENSTERN.

Non pas brillants rubis au front de la Fortune...

ROSENCRANTZ.

Mais non pas humbles clous qu'elle foule du pié.

QUATRIÈME PARTIE.

HAMLET.

Vous avez sa ceinture, ô cher couple envié,
Vous avez ses faveurs?

GUILDENSTERN.

Sans qu'elle les chicane.

HAMLET, à part.

Ce n'est pas étonnant, c'est une courtisane.
(Haut.)
Quoi de neuf?

ROSENCRANTZ.

Rien.

GUILDENSTERN.

Si fait! le monde se fait bon.

HAMLET.

C'est donc qu'il sent sa fin, ce vieux monde barbon!
Mais, mon cher, la nouvelle est bien conjecturale.
Une autre question un peu moins générale :
Quels griefs le destin a-t-il eus contre vous,
Amis, qu'il vous envoie en prison avec nous?

GUILDENSTERN.

Comment! quelle prison?

HAMLET.

Ce pays, c'en est une.

ROSENCRANTZ.

Eh! mais la terre alors?...

HAMLET.

Est la prison commune!
Cercle de noirs cachots, de caveaux ténébreux;
Et notre Danemark est un des plus affreux!

ROSENCRANTZ.

Nous ne le voyons pas ainsi.

HAMLET.

C'est fort possible : —.
Le Danemark, pour vous, est donc un champ paisible.
Soit! chacun fait son bien, son mal à sa façon.
Pour moi, le Danemark n'est rien qu'une prison.

ROSENCRANTZ.

Je vois, l'ambition et ses songes de flamme
Laissent ce vaste État trop étroit pour votre âme.

HAMLET.

Moi? j'aurais pour empire une coque de noix,
Que je m'y trouverais, mon Dieu! le roi des rois...
Si je n'y faisais pas parfois de mauvais rêves.

GUILDENSTERN.

Rêves d'ambition sans remède et sans trêves!
L'ombre d'un rêve, au fait, c'est tout l'ambitieux,
N'est-ce pas?

HAMLET.

Mes amis, vous raisonnez au mieux,
Mais ne raisonnons pas, c'est bien assez de vivre.
— Venez-vous à la cour?

ROSENCRANTZ.

Tout prêts à vous y suivre.

HAMLET.

Et vous venez pour moi?

GUILDENSTERN, avec embarras.

Monseigneur... oui.

HAMLET.

Vraiment?
Ah! pauvre que je suis, même en remercîment!
Mille grâces, messieurs! mais là, sans hyperbole,
Mille grâces de moi valent bien une obole. —
Ainsi, c'est de vous seuls et sans être poussés,
Que vous m'offrez vos soins tout désintéressés?

QUATRIÈME PARTIE.

ROSENCRANTZ.

Mais, monseigneur, sans doute.

HAMLET.

Ainsi, c'est par pur zèle ?
Allons ! de l'abandon ! Parle, toi, mon fidèle.

GUILDENSTERN, bas à Rosencrantz.

Que dire ?

(Haut.)

Monseigneur...

HAMLET.

Eh ! mon Dieu ! répondez,
Répondez, voilà tout, que l'on vous a mandés.
Oui, j'en lis dans vos yeux les aveux manifestes
Que vous ne savez pas déguiser, cœurs modestes.
Je sais que c'est la reine et notre excellent roi
Qui vous ont fait venir.

ROSENCRANTZ.

Mais, monseigneur, pourquoi ?

HAMLET.

Pourquoi ? — Tenez, amis, je vais parler sans feinte,
Et le secret du roi restera hors d'atteinte. —
J'ai depuis quelque temps, comment, je n'en sais rien,
Perdu toute gaîté. Je ne fais rien de bien.
L'ennui, brouillard glacé, trompe mon cœur avide.
La terre, ce jardin, me semble morne et vide.
Le ciel, ce dais d'azur, ce divin firmament,
Qui sur tout notre bruit règne tranquillement,
Cette voûte infinie où scintille l'étoile,
Rayon du jour céleste entrevu sous le voile,
N'a plus pour mon esprit accablé par le sort
Que nuages de deuil et que vapeurs de mort.
L'homme est beau, l'homme est roi des choses éternelles ;
Son front a des rayons et son âme a des ailes ;

Quand l'idée ou l'amour l'éclairent de leur feu,
Ses actes sont d'un ange et ses pensers d'un dieu.
— Mais l'homme, fût-il grand comme la terre entière,
Poussière, voilà tout, redeviendra poussière.
L'homme né me plaît pas... Oh! la femme non plus !
Votre malin sourire a bien tort là-dessus.

ROSENCRANTZ.

Mais vous vous méprenez, monseigneur. Ce sourire...

HAMLET.

Oui, vous n'avez pas ri, lorsque je viens de dire :
L'homme ne me plaît pas?...

GUILDENSTERN.

Sur ce mot, je pensais
Que nos pauvres acteurs auraient peu de succès
Près de vous.

HAMLET.

Quels acteurs?

ROSENCRANTZ.

Des gens que sur la route
Nous avons rencontrés, et qui venaient sans doute
Vous offrir leurs talents. Ils manqueront leur but.

HAMLET.

Au contraire! leur roi recevra mon tribut;
Le chevalier errant fera sonner sa lame;
L'amoureux à bon prix soupirera sa flamme;
Le bouffon nous mettra les deux mains sur les flancs;
L'amante sans pitié hachera les vers blancs,
Plutôt que de céler son ardeur sans seconde...
Et je regarderai, moi, faire tout le monde.

(Bruit au dehors.)

GUILDENSTERN.

Ah! les comédiens, je pense, monseigneur.

HAMLET.

Qu'ils soient les bienvenus, messieurs, dans Elseneur.
Je veux être pour eux tout plein de courtoisie,
Je les ai déjà vus, et leur troupe est choisie.
N'en soyez point jaloux, vous êtes prévenus;
Car, bien plus qu'eux encor, vous êtes bienvenus.
— Mais mon oncle mon père et ma tante ma mère
S'abusent, quant à moi, d'une étrange chimère.

ROSENCRANTZ.

En quoi donc?

HAMLET.

Je suis fou, quand le vent refroidi
Souffle nord-nord-ouest; mais, s'il vient du midi,
On me verra toujours, tant je garde ma tête!
Distinguer un hibou d'avec une chouette.

SCÈNE VI.

Les Précédents, POLONIUS.

POLONIUS.

Salut, messieurs!

HAMLET.

A bon entendeur demi-mot.
Il marche à la lisière encor, ce grand marmot.
Du temps que Roscius était acteur à Rome...

POLONIUS.

Les acteurs sont ici, monseigneur.

HAMLET.

Vrai, brave homme?

(Il chante.)

Chaque acteur, tragique ou non,
Vient monté sur son ânon.

POLONIUS.

Monseigneur, des acteurs excellents! Comédie,
Chronique, pastorale, et drame, et tragédie,
Ils savent jouer tout, avec, sans unité,
Sénèque et ses douleurs, Térence et sa gaîté.

HAMLET.

C'est bien, mon vieux Jephté.

POLONIUS.

     Moi? Jephté!

HAMLET.

         Sans nul doute.
N'as-tu pas une fille?

(Il chante.)

   Une fille unique et charmante,
   Une fille qu'il adorait.

POLONIUS, à part.

   Encor ma fille!

HAMLET.

     Écoute.

(Il chante.)

   Mais sur terre de toute chose
   N'est-ce pas le ciel qui dispose?
   Et ce qui devait arriver,
   Aurait-on pu s'en préserver?

Recourir pour la fin au troisième couplet
Du noël si connu.

SCÈNE VII.

Les Précédents, LES COMÉDIENS.

UN COMÉDIEN.

Salut au prince Hamlet!

HAMLET.

Soyez les bienvenus, maîtres, dans ma demeure!
Je voudrais, par ma foi! vous entendre sur l'heure;
Car j'ai besoin de vous. Demain, bon fauconnier,
Je prétends vous lancer, — je sais sur quel gibier.
Voyons, pour commencer, à toi, mon camarade.
En attendant, peux-tu nous dire une tirade?
Tiens, ce morceau, tu sais, que j'aimais, attends donc...
C'était dans le récit d'Énéas à Didon.

LE COMÉDIEN.

Je sais...

HAMLET.

Encore un mot, si tu veux le permettre.

LE COMÉDIEN.

Parlez : n'êtes-vous pas le seigneur et le maître?

HAMLET.

Je voudrais te donner des conseils.

LE COMÉDIEN.

                       Monseigneur...

HAMLET.

Tu les suivras?

LE COMÉDIEN.

Comment! c'est pour moi trop d'honneur.

HAMLET.

De tel acteur fameux que j'ai vu sur la scène,
Et dont la grosse voix m'a fait bien de la peine,

Ne va pas, compagnon, imitant le travers,
Comme un crieur public, beugler tes pauvres vers.
Il ne faut pas non plus de ton geste rapace,
Fendu comme un compas, accaparer l'espace.
Reste maître de toi : jamais d'effet criard!
Garde aux troubles du cœur la dignité de l'art,
Et quand la passion entraîne, gronde et tonne,
Tâche que l'on admire avant que l'on s'étonne.
Quel supplice d'entendre et de voir des lourdauds
Qui, mettant sans remords un amour en lambeaux,
Écorchent à la fois la pièce et nos oreilles!
Tandis que le public, à ces grosses merveilles,
Stupéfait, applaudit les grands cris, les grands bras,
Et siffle un noble acteur qui ne l'assourdit pas.
Le fouet à ces braillards drapés en matamore
Qui sur *l'affreux tyran* enchérissent encore!
Évite ces défauts.

LE COMÉDIEN.

Prince, je tâcherai.

HAMLET.

Pourtant, pas de froideur et pas d'air maniéré.
Accorde habilement ton geste et ta parole,
Et fais que la nature éclate dans ton rôle.
La nature avant tout! La scène est un miroir
Où l'homme, tel qu'il est, bien et mal, se doit voir;
Où siècles qu'on oublie et pays qu'on ignore
Reprennent leur allure et viennent vivre encore.
Si l'image est outrée ou le reflet pâli,
Que le vulgaire y trouve un chef-d'œuvre accompli;
Un esprit éclairé qui vous fera la guerre,
Pour vous, doit l'emporter, seul, sur tout le vulgaire.
Oh! j'ai vu maint acteur dont on disait grand bien
Et dont l'aspect pourtant n'avait rien de chrétien,
Ni même de païen, ni d'humain, à vrai dire,
Et qui, gesticulant, hurlant, comme en délire,

Semblait un pauvre essai qu'un grossier apprenti
Pour singer la nature avait un jour bâti,
Et qui, tronqué, manqué, gauche et sans harmonie,
Pour notre humanité n'était qu'une ironie.

LE COMÉDIEN.

Ces défauts sont chez nous quelque peu réformés.

HAMLET.

Qu'ils le soient tout à fait : vos bouffons mal grimés
Jettent parfois leur rire et leurs farces, les drôles!
A travers l'intérêt poignant des autres rôles ;
C'est fat et c'est stupide! Et maintenant, *dixi*.
Tu peux donc commencer quand tu voudras.

LE COMÉDIEN.

Merci.

(Déclamant.)

« Ah! quiconque a pu voir Hécube échevelée,
« Pâle, nu-pieds, courir la ville, désolée,
« Portant quelque lambeau pour diadème au front,
« Et pour manteau royal la guenille et l'affront,
« A sans doute maudit la Fortune insolente.
« Et quand Pyrrhus foula la dépouille sanglante
« De Priam, un vieillard! un père! au cri d'horreur
« Que la reine a jeté, les dieux avec terreur
« Certe ont senti frémir leurs cœurs sourds aux alarmes,
« Et l'œil ardent du jour a dû verser des larmes! »

POLONIUS.

Mais voyez donc, il pleure! il pâlit! Oh! cessez.

HAMLET.

Bien! le reste à plus tard. Pour le moment, assez.

(A Polonius.)

Que ces comédiens, monsieur, soient, je vous prie,
Traités avec honneur et sans mesquinerie;
Car ils sont la chronique et le miroir des temps;
Et mieux vaudrait pour vous et pour vos soixante ans

Avoir sur votre tombe une épitaphe infâme
Que d'encourir, vivant, un seul instant, leur blâme.

POLONIUS.

Bien! ils seront traités, mon prince, à leur valeur.

HAMLET.

Beaucoup mieux! beaucoup mieux! Si chacun, par malheur,
N'était jamais traité que selon ses mérites,
Qui pourrait échapper aux étrivières, dites?
Vos hôtes sont petits, consultez votre rang,
Et, plus ils sont petits, plus vous en serez grand.
Emmenez-les.

POLONIUS, aux acteurs.

Venez.

HAMLET, retenant le Comédien, bas.

Attends. Prends cette bague.
Pourriez-vous nous jouer *le Meurtre de Gonzague?*

LE COMÉDIEN.

Quand?

HAMLET.

Demain.

LE COMÉDIEN.

Oui, seigneur.

HAMLET.

Et pourrais-tu bien, toi,
Glisser dans le récit quinze ou vingt vers de moi?

LE COMÉDIEN.

Oui, mon prince.

HAMLET.

C'est bien! je vais te les écrire.
Suis ce brave seigneur, et garde-toi d'en rire.

(A Rosencrantz et à Guildenstern.)

Adieu, jusqu'à ce soir.

ROSENCRANTZ.

Adieu, mon cher seigneur.

HAMLET, rassemblant dans le même geste Rosencrantz, Guildenstern et les Comédiens.

Vous êtes bienvenus, messieurs, dans Elseneur.

(Tous sortent.)

SCÈNE VIII.

HAMLET, seul.

Seul enfin! pauvre fou misérable et risible!
N'est-ce pas monstrueux? un acteur insensible
Peut, dans un rôle appris, rêve de passion,
Dresser son cœur d'avance à cette émotion,
Contraindre aux pleurs ses yeux, à la pâleur sa joue,
Frémir, briser sa voix; puis, il dira — qu'il joue!
Et le tout, s'il vous plaît, pour Hécube... pour rien.
Que peut lui faire Hécube, à ce comédien
Qui sanglote à ce nom? Ah Dieu! mais, à ma place,
S'il ressentait la haine ou l'horreur qui me glace,
Il inonderait donc la scène de ses pleurs;
Il ferait tout trembler en criant ses douleurs;
Il renverrait les bons tristes dans leur clémence,
Les ignorants rêveurs, les méchants en démence,
Et tous croiraient avoir, dans leur rêve oublieux,
La foudre à leur oreille et la mort à leurs yeux.
Mais moi, faible, hébété, je vais, âme asservie,
OEil fixe et bras pendants, dans mon rôle et ma vie,
Et je ne trouve pas un seul cri dans mon sein
Pour ce roi détrôné par un vil assassin!
Oh! fi! c'est outrageant!...—Ah! c'est qu'un doute sombre
M'arrête aussi parfois, mon Dieu! Cette chère Ombre,

Si c'était le démon qui me voulût gagner?
Un cœur mélancolique est facile à damner,
Et Satan est bien fin! — Mais, voyons : on raconte
Qu'au théâtre un coupable, en revoyant sa honte
Sous un aspect vivant et dans un jeu parfait,
Lui-même a quelquefois proclamé son forfait.
Eh bien! en tribunal érigeons le spectacle.
Si Dieu me veut convaincre, il me doit un miracle!

CINQUIÈME PARTIE

Grande galerie dans le château. On a construit un théâtre au fond.

SCÈNE PREMIÈRE.

LE ROI, LA REINE, POLONIUS, OPHÉLIE, ROSENCRANTZ, GUILDENSTERN.

ROSENCRANTZ.

Lui-même reconnaît et sent bien son délire.

LE ROI.

Mais la cause? la cause?

GUILDENSTERN.

Il ne veut pas la dire,
Et ne la laisse pas soupçonner aisément.
On le presse, il s'enfuit dans son égarement.

LA REINE.

Mais quelque passe-temps le distrairait sans doute.

ROSENCRANTZ.

Nous avons rencontré des acteurs sur la route
Dont la vue a paru dérider son ennui,
Et je crois qu'ils joueront dès ce soir devant lui.

POLONIUS.

Le fait est vrai : voyez, dans cette galerie

On a construit la scène, et le prince vous prie
D'être là, monseigneur et madame, ce soir.

LE ROI.

De grand cœur! ce désir me donne bon espoir.
(Se levant, à Rosencrantz et à Guildenstern.)
Vous allez, chers messieurs, reconduire la reine.
(A la reine.)
Je veux voir si l'amour cause vraiment sa peine;
Or, Ophélie ici va, comme par hasard,
Le rencontrer, et nous, cachés là, quelque part,
Nous écouterons tout.

LA REINE.

Je sors. Chère Ophélie,
Si ta grâce charmante a produit sa folie,
Si tu lui rends l'esprit par ton doux abandon,
Je serai bien heureuse.

OPHÉLIE.

Oh! madame, et moi donc!
(La reine sort avec Rosencrantz et Guildenstern.)

SCÈNE II.

LE ROI, POLONIUS, OPHÉLIE.

POLONIUS, menant Ophélie à une chaise basse.

Agenouillez-vous là.
(Au roi.)
Pour nous, cachons-nous, sire.
(A Ophélie.)
Pour avoir un maintien, faites semblant de lire.
Il arrive souvent, — et ce n'est pas le mieux! —
Qu'avec un air dévot et des dehors pieux
Nous finissons par faire un saint du diable même.

CINQUIÈME PARTIE. 63

LE ROI, à part.

O vérité terrible et qui crie anathème
Dans le fond de mon cœur ! Sous son masque fardé,
La courtisane infâme a le front moins ridé
Que mon forfait n'est noir sous sa face hypocrite.

POLONIUS.

Voici le prince Hamlet ; retirons-nous bien vite,
Sire.
(Ils se cachent.)

SCÈNE III.

POLONIUS et LE ROI, cachés, OPHÉLIE, agenouillée.
Entre HAMLET.

HAMLET, sans voir Ophélie.

... Être ou n'être pas, c'est là la question !
Que faut-il admirer ? la résignation
Subissant tes assauts, Fortune, et tes outrages ?
Ou la force s'armant contre une mer d'orages,
Et demandant le calme aux tempêtes ? — Mourir !
Dormir, et rien de plus ! et puis, ne plus souffrir !
Fuir ces mille tourments pour lesquels il faut naître !
Mourir ! dormir ! — Dormir ! qui sait ? rêver peut-être !
— Peut-être ?... ah ! tout est là ! Quels rêves peupleront
Le sommeil de la mort, lorsque sous notre front
Ne s'agiteront plus la vie et la pensée ?
Ce mystère nous rive à la terre glacée !
Eh ! qui supporterait tant de honte et de deuil,
L'injure des puissants, les mépris de l'orgueil,
Les lenteurs de la loi, la profonde souffrance,
Que creuse dans le cœur l'amour sans espérance,
La lutte du génie et du vulgaire épais...
Quand un fer aiguisé donne si bien la paix ?

Qui ne rejetterait son lourd fardeau d'alarmes?
Qui mouillerait encor de sueurs et de larmes
L'âpre et rude chemin? si l'on ne craignait pas
On ne sait quoi, dans l'ombre, au delà du trépas!
Ce pays inconnu, ce monde qu'on ignore,
D'où n'a pu revenir nul voyageur encore,
C'est là ce qui d'horreur glace la volonté.
Et, devant cette nuit, l'esprit épouvanté
S'en tient aux maux réels sous lesquels il succombe
Par la crainte des maux incertains de la tombe;
Et l'ardente couleur, la résolution
S'efface aux tons pâlis de la réflexion;
Et, l'énigme d'effroi troublant toutes les tâches,
Des plus déterminés le doute fait des lâches!

OPHÉLIE, à part.

Son rêve plane en haut, mon amour pleure en bas.
Aveuglé de clarté, ne me verra-t-il pas!

(Elle laisse tomber son livre.)

HAMLET, se retournant.

Ophélie! ô jadis ma vie et ma lumière,
Parle de mes péchés, ange, dans ta prière!

OPHÉLIE, se levant et venant à Hamlet.

Comment vous êtes-vous porté tous ces jours-ci,
Seigneur Hamlet?

HAMLET.

Très-bien, Ophélia, merci.

OPHÉLIE, lui tendant un écrin.

J'ai là des souvenirs que je voulais vous rendre
Déjà depuis longtemps; veuillez donc les reprendre.

HAMLET.

Que vous ai-je donné? je ne vous comprends pas.

OPHÉLIE.

Prince, je tiens de vous tous ces présents. Hélas!

A chacun était jointe une douce parole,
Et je me crus heureuse; et je n'étais que folle!
Mon amour maintenant vous devient importun,
Et ces gages si doux ont perdu leur parfum.
Reprenez-les. Allez! laissez la pauvre femme;
Car vous ne m'aimez plus, Hamlet, et pour mon âme
Les plus riches présents perdent toute valeur
Quand ce n'est que la main qui donne, et non le cœur.
Reprenez-les.

HAMLET, regardant fixement Ophélie.

Oui-da! vertu! délicatesse!

OPHÉLIE.

Monseigneur!

HAMLET.

Et beauté!

OPHÉLIE.

Que dit donc votre Altesse?

HAMLET.

Je dis que je ne vis jamais auparavant
Tant de dons réunis. — Va-t'en dans un couvent.

OPHÉLIE, effarée.

Comment!... dans un couvent?

HAMLET.

Si j'ai bonne mémoire,
Je vous aimai jadis?

OPHÉLIE.

Vous me l'avez fait croire.

HAMLET.

Pourquoi l'avez-vous cru! — Faut-il multiplier
Ici-bas les maudits? Tenez, moi le premier,
Je suis assez honnête; eh bien, ma vie amère
A de si lourds remords que franchement ma mère

4.

Eût mieux fait de ne pas m'enfanter. Vanité,
Vengeance, ambition, oh! j'ai plus médité
De rêves criminels que toute une existence,
Avec le bras qui peut, avec le front qui pense,
N'en saurait accomplir. Est-il essentiel
Qu'une pareille engeance erre entre terre et ciel?
Mariage est un mot qu'il faut donc qu'on oublie. —
Entre au couvent! — C'est là ce qui fait ma folie!
Ne crois pas ces trompeurs!... — Votre père est chez vous?

OPHÉLIE, tremblante.

Oui, monseigneur.

HAMLET.

Tirez sur lui tous les verrous.
Qu'il ne fasse du moins le niais qu'en famille!

(Il va pour sortir.)

OPHÉLIE.

Ayez pitié de lui, Dieu clément!

HAMLET, revenant.

Jeune fille,
Écoute; si tu veux te marier pourtant,
Je te donne pour dot cet avis attristant :
Sois froide comme glace et blanche comme neige,
Eh bien! la calomnie avant un mois t'assiége.
Va-t'en dans un couvent!

(Il feint de sortir et revient encore.)

Ou, si tu tiens, ma foi!
Beaucoup au mariage, épouse un sot, crois-moi.
Car un homme sensé pourra voir tout de suite
Quel monstre fait de lui sa femme. — Au couvent vite!

(Il sort, puis rentre de nouveau, regarde tendrement et douloureusement
Ophélie, lui baise la main, puis brusquement :)

— Au couvent! au couvent!

(Il sort pour ne plus rentrer).

SCÈNE IV.

OPHÉLIE, LE ROI, POLONIUS, cachés.

OPHÉLIE, regardant Hamlet s'éloigner.

Rendez-lui la raison,
Dieu juste! O dernier fils d'une illustre maison!
O noble esprit perdu! sublime intelligence
Tout à coup détrônée! A la cour élégance,
Profondeur au conseil, valeur dans les combats,
L'espérance, l'honneur, la fleur de ces États,
Le miroir du bon goût, le type de la grâce,
Le but de tous les yeux, tout est mort, tout s'efface!
— Et moi, moi triste et seule avec mes maux pesants,
Moi qui de sa tendresse ai respiré l'encens,
Qui buvais de sa voix l'enivrante harmonie,
Voir comme un luth brisé ce pur et fier génie
Ne plus rendre qu'un son discordant et railleur!
Avoir vu sa jeunesse et sa grâce en leur fleur,
Pour voir, le jour d'après, malheureuse Ophélie,
Tant d'espoir se flétrir au vent de la folie!

(Rentrent le roi et Polonius.)

POLONIUS.

Eh bien! moi, je persiste à croire, malgré tout,
Qu'une peine d'amour cause ce noir dégoût.

(A Ophélie.)

C'est bien, va, mon enfant, tu n'as rien à nous dire :
Nous avons écouté.

(Ophélie sort. Au roi.)

Si vous m'en croyez, sire,
La reine restera ce soir seule avec lui,
Et lui demandera compte de son ennui
En reine impérieuse autant qu'en mère tendre,
Et moi, toujours caché, je pourrai tout entendre.

LE ROI.

Soit!
(A part.)
Ses secrets, ainsi, par lui je les surprends.
Il sied de surveiller la démence des grands.

(Il sort avec Polonius.)

SIXIÈME PARTIE

Même décor.

SCÈNE PREMIÈRE.

HAMLET, puis HORATIO.

HAMLET, à un serviteur.
Va donc de nos acteurs presser un peu le zèle.
(Sort le serviteur.)

HORATIO, entrant.
Mon prince...

HAMLET, l'apercevant.
Horatio! te voilà, mon fidèle!

HORATIO.
Prêt à vous obéir, comme c'est mon devoir.

HAMLET.
C'est toi qu'en vérité j'aime le mieux à voir.

HORATIO.
Oh! monseigneur...

HAMLET.
Allons! crois-tu que je te flatte?
Tu n'es pas riche, ami. Qu'une cour vile et plate

Dressée à cet état: lécher et mendier,
Se fasse des genoux faciles à ployer,
C'est bien! mais te flatter, toi de qui nul n'hérite,
Toi qui pour te nourrir n'as rien que ton mérite,
A quoi bon? Non, vois-tu, dès que ce cœur aimant,
Libre, a pu faire un choix avec discernement,
Il a mis dans ton cœur sa plus chère espérance;
Car sans sourciller, toi, tu portes la souffrance;
Car biens et maux, tu vois tout d'un regard hautain,
Philosophe toujours plus grand que le destin!
Bien heureux qui maintient, ainsi fort, ainsi libre,
Son sang et sa raison dans ce juste équilibre!
Certes, je porterais ce héros, ce vainqueur,
Dans mon cœur, comme toi, dans le cœur de mon cœur.
— Mais écoute: ce soir, dans la pièce qu'on joue,
Une scène a rapport aux faits qu'on désavoue
De la mort de mon père. Eh bien, à cet endroit,
Fixe sur Claudius ton regard calme et froid.
Tu me comprends? s'il reste indifférent et grave,
Je n'ai vu l'autre nuit qu'un démon que je brave,
Et mes soupçons ingrats sont plus noirs que l'enfer.
Mais si quelque terreur qu'il ne peut étouffer...
Enfin, comme toujours, sois pénétrant et sage.
Pour moi, j'aurai les yeux rivés à son visage.
Puis, sur nos deux avis que nous rapprocherons,
Nous pèserons son sort et nous prononcerons.

HORATIO.

Bien! si pendant la pièce un éclair de son âme
M'échappe!...

HAMLET.

Ils viennent tous. Allons! à notre drame.

SCÈNE II.

Les Précédents, LE ROI, LA REINE, POLONIUS, OPHÉLIE, ROSENCRANTZ, GUILDENSTERN, MARCELLUS, Seigneurs et Dames.

UN HUISSIER, annonçant.

Le roi.

LE ROI, à Hamlet.

Comment se porte Hamlet, ce soir?

HAMLET, s'éventant de son mouchoir.

Ma foi!
On ne peut mieux! je vis en caméléon, moi :
Ma nourriture est souffle, espérance et promesse;
Aussi voyez un peu, seigneur, comme j'engraisse.

LE ROI.

Vous parlez en énigme, et je n'y comprends rien.

HAMLET.

Ni moi non plus.

(A Polonius.)

Monsieur, vous disiez, je crois bien,
Que vous aviez joué jadis la comédie
A l'Université?

POLONIUS.

Certe, et la tragédie!
On m'a dit même habile entre tous les acteurs.

HAMLET.

Que jouiez-vous?

POLONIUS.

César, — et les conspirateurs
Vingt fois au Capitole ont conjuré ma chute;
Vingt fois je fus tué par Brutus...

HAMLET.

O la brute!
Tuer un si grand veau!

<small>Au serviteur qu'il a envoyé.</small>

Hé bien? tous sont-ils prêts?

LE SERVITEUR.

Ils attendent, seigneur.

LA REINE, à Hamlet, lui montrant un siége auprès d'elle.

Venez donc ici près,
Cher Hamlet, vous asseoir.

HAMLET.

Merci, ma bonne mère,
Mais un aimant plus fort m'attire.

(Il montre Ophélie.)

POLONIUS, bas au roi.

Eh bien? chimère?

HAMLET, à Ophélie.

Madame, laissez-moi m'asseoir à vos genoux,
Et mon bonheur ici fera bien des jaloux.

(Il s'étend à ses pieds.)

OPHÉLIE.

Qui vous rend donc si gai, seigneur?

HAMLET.

Qui? moi?

OPHÉLIE.

Vous-même?

HAMLET.

Je suis votre bouffon. Quel est le but suprême
Pour l'homme? s'égayer! Regardez l'air joyeux
Qu'a ma mère ce soir; et pourtant, sous ses yeux,
Le roi mon père est mort, ne voilà pas deux heures.

SIXIÈME PARTIE.

OPHÉLIE.

Eh! mais, voilà trois mois!

HAMLET.

Pauvre femme! tu pleures
Trois longs mois ton époux! Que le diable, en ce cas,
Porte s'il veut le deuil! quant à moi, je suis las
De ces vêtements noirs. Qu'on m'habille d'hermine!
Trois mois sans que la mort par l'oubli se termine!
Alors, par Notre-Dame! il faut croire et je crois
Que le nom d'un héros lui survivra six mois,
Pourvu qu'il ait bâti cependant mainte église.
Sinon, il mourra, lui que tout immortalise,
Comme feu Mardi-Gras enterré par ce chant :

Mardi-Gras,
Tu t'en vas!

(Musique. Le rideau de la scène du fond s'ouvre. L'acteur représentant le Prologue paraît.)

OPHÉLIE.

Chut! je veux écouter; vous êtes un méchant.

LE PROLOGUE.

« Nous réclamons de l'assistance
« Pour les acteurs son indulgence
« Pour la pièce sa patience. »

(Il se retire.)

HAMLET.

Devise d'une bague ou prologue d'un drame?

OPHÉLIE.

C'est bien court, monseigneur.

HAMLET.

Comme un amour de femme.

5

(Gonzague et Baptista, roi et reine de théâtre, entrent sur la seconde scène.)

GONZAGUE.

Phébus a trente fois fait le tour de ce monde,
Semant de fleurs les prés, de perles semant l'onde,
La lune au front d'argent, blonde sœur d'Apollon,
Trente fois douze nuits a blanchi le vallon,
Depuis que le destin, pour d'autres dur et sombre,
Ne nous a fait qu'un toit, qu'un soleil et qu'une ombre.

BAPTISTA.

Puisse l'astre des nuits, puisse l'astre des jours
Autant de fois encor recommencer leur cours,
Avant que notre amour subisse quelque atteinte!
Mais bien souvent, hélas! je frissonne de crainte
A voir votre pâleur et votre accablement.
Les femmes, vous savez, n'aiment qu'en s'alarmant!

GONZAGUE.

Ah! ta crainte a raison, ma pauvre bien-aimée;
La vie en moi s'éteint lentement consumée.
Je vais bientôt mourir, mais toi, tu resteras
Pour être heureuse encor! qui sait? dans d'autres bras!

BAPTISTA.

Un nouveau mariage! oh! vous blasphémez! grâce!
Que vous ai-je donc fait? Moi, si vile et si basse!
Pour qu'une femme, enfin, prenne un second époux,
Il faut que le premier soit tombé sous ses coups!

HAMLET, regardant sa mère à travers les branches de l'éventail qu'il a pris des mains d'Ophélie.

Voilà l'absinthe!

GONZAGUE.

Vos paroles sans doute au fond du cœur sont prises.
Mais cette vie, hélas! est pleine de surprises
Qui rompent nos desseins, ou nos desseins de feu,
D'eux-mêmes pâlissant, s'éteignent avant peu.
Vert, le fruit tient bien fort à la branche qui pousse;
Mûr, sur les gazons mous il tombe sans secousse.

Les serments qu'on se fait dans l'exaltation
Meurent du même coup avec la passion,
Et la réalité trahit toujours le rêve,
Et, contraire à nos vœux, notre destin s'achève,
En ce monde changeant, où, sans exagérer,
Les larmes savent rire et les rires pleurer.

BAPTISTA.

Qu'au fond du désespoir tombent mes espérances!
Que tout désir pour moi se traduise en souffrances!
Que seule avec mon crime on me jette en prison!
Que mes yeux n'aient que pleurs, ma coupe que poison!
Que j'éprouve aux enfers ta vengeance jalouse!...
Si ta veuve, ô mon roi, devient jamais épouse!

HAMLET.

Après tant d'imprécations!

GONZAGUE.

Eh bien, je te crois donc. — Mais le sommeil joyeux
Engourdit ma douleur et me ferme les yeux...
Laisse-moi reposer un instant, bien-aimée.

BAPTISTA.

Rêves d'espoir, bercez sa souffrance calmée!
Vous, ne nous rappelez qu'ensemble, ô Dieu clément!

(Elle sort laissant le roi endormi sur un banc.)

HAMLET, de loin à sa mère.

Eh bien, madame?

LA REINE, émue.

Trop de protestations
De la part de la reine, il me semble.

HAMLET.

Oh! madame,
Elle s'en souviendra.

LE ROI.

Connaissez-vous le drame?
N'a-t-il rien de blessant?

HAMLET.

Eh! non, ce n'est qu'un jeu.
Du poison, mais pour rire.

LE ROI, inquiet.

Et... le titre?...

HAMLET, comme cherchant.

Mon Dieu!
Je crois... *la Souricière*. Oh! simple métaphore!
L'histoire est vraie. A Vienne, on la raconte encore.
Vous allez voir. Gonzague était le nom du roi.
La reine? Baptista. C'est une œuvre d'effroi,
Une œuvre infâme! Mais qu'importe! elle ne touche,
Seigneur, ni moi, ni vous. Que le morveux se mouche,
Nous, nous ne sommes pas enrhumés, Dieu merci!

(Entre, sur le second théâtre, Lucianus.)

Ah! c'est Lucianus, neveu du roi, ceci.
Arrive, meurtrier à l'œil cave, au front jaune!

Le corbeau croassant
Nous demande du sang.

LUCIANUS, sur le théâtre, tirant une fiole de sa poitrine.

Mains prêtes, noirs pensers, poison sûr, bon moment!
C'est bien! tout me seconde et nul œil ne me guette.
Mélange qu'à minuit, pâle, sombre et muette,
Hécate a composé d'herbe cueillie au bois,
Qu'elle a trois fois flétri, qu'elle a maudit trois fois,
O venin! ta puissance, aux feux d'enfer ravie,
Tarit en un instant les sources de la vie!

(Il verse le poison dans l'oreille de Gonzague.)

(Hamlet, pendant les paroles de Lucianus, s'est glissé rampant et épiant jusqu'à sa mère et au roi. Il se dresse tout à coup sur ses genoux devant eux et prend la parole avec une volubilité effrayante.)

HAMLET.

Voyez! il l'empoisonne et lui vole le trône.

Son nom était Gonzague. Oh! tous faits avérés!
Le livre italien existe. Vous verrez
Comment, Gonzague mort, le meurtrier enlève
A sa veuve son cœur...

GONZAGUE, sur le théâtre, après une courte agonie.

« Je meurs! »

(Il tombe.)

(Le roi et la reine, qui se tiennent convulsivement la main, se dressent en jetant un cri d'épouvante.)

OPHÉLIE.

Le roi se lève!

HAMLET, à Horatio, bondissant avec un cri de joie et de triomphe.

Ah! c'est clair, maintenant!

LA REINE, à Claudius.

Qu'avez-vous, mon cher roi?

LE ROI.

Les flambeaux!

LA REINE.

Qu'avez-vous?

LE ROI, éperdu.

Laissez-moi! laissez-moi!
Sortons.

POLONIUS, sortant derrière le roi.

Maudite soit cette pièce funeste!

(Tous sortent en tumulte, moins Hamlet et Horatio.)

SCÈNE III.

HAMLET, HORATIO, puis ROSENCRANTZ.

HORATIO.

Eh bien, qu'en dites-vous?

HAMLET.
Le crime est manifeste,
Voilà ce que j'en dis. Et toi, qu'en dis-tu, toi?

HORATIO.
Que, si l'on peut juger le coupable à l'effroi,
Le coupable, cher prince, était là tout à l'heure.

HAMLET, apercevant Rosencrantz.
Ah! voilà l'espion.

HORATIO.
Dois-je sortir?

HAMLET.
Demeure.
(Au serviteur qui vient refermer les rideaux du théâtre.)
Les flûtes maintenant! Le drame a peu d'appas
Pour Sa Majesté? c'est — qu'elle ne l'aime pas.

ROSENCRANTZ.
Mon cher seigneur, un mot.

HAMLET.
Oh! monsieur, tout un livre!

ROSENCRANTZ.
Le roi, monsieur...

HAMLET.
Eh bien?

ROSENCRANTZ.
Nous venons de le suivre.
Il est rentré chez lui tout troublé...

HAMLET.
Par le vin?

ROSENCRANTZ.
Par la colère.

HAMLET.

Alors, je m'emploîrais en vain
A guérir sa fureur et l'accroîtrais peut-être.
Allez au médecin, c'est plus prudent.

ROSENCRANTZ.

Cher maître,
Tâchez donc d'ordonner un peu mieux vos discours,
Qui, par brusques écarts, nous échappent toujours.

HAMLET.

Allons, voyons, parlez.

ROSENCRANTZ.

Votre mère la reine
M'envoie auprès de vous dans le trouble et la peine.

HAMLET, cérémonieusement.

Soyez le bienvenu.

ROSENCRANTZ.

Mais trêve de façon!
Ce n'est pas le moment, prince. De la raison!
Répondez avec sens, et je vais tout vous dire;
Sinon, excusez-moi, seigneur, je me retire.

HAMLET.

Monsieur, je ne puis...

ROSENCRANTZ.

Quoi?

HAMLET.

Répondre sensément,
Je suis un insensé. Mais bien certainement
Je ferai de mon mieux et veux vous satisfaire.
Vous dites donc, monsieur, que la reine ma mère?...

ROSENCRANTZ.

De crainte et de stupeur a le cœur tout saisi.

HAMLET.
Par moi? Fils merveilleux! saisir sa mère ainsi!
Après cette stupeur?...

ROSENCRANTZ.
La reine vous demande
Un moment d'entretien chez elle.

HAMLET.
Elle commande,
Fût-elle dix fois plus ma mère. Est-ce là tout?

ROSENCRANTZ.
Cher prince, vous m'aimiez autrefois, et beaucoup.

HAMLET.
Et je vous aime encore, ou le diable m'emporte!

ROSENCRANTZ.
Eh bien, mon bon seigneur, quelle peine si forte
Vous égare l'esprit? Ah! nous cacher vos pleurs,
C'est vous ensevelir vivant dans vos douleurs.

HAMLET, apercevant les joueurs de flûte qui traversent le théâtre.
Ah! les joueurs de flûte! Allons! qu'on m'en donne une!

ROSENCRANTZ.
Monseigneur, je m'en vais, si je vous importune.

HAMLET, lui présentant la flûte.
Veuillez jouer un peu de cette flûte?

ROSENCRANTZ.
Moi?
Je ne puis, monseigneur.

HAMLET.
Je vous en prie!

ROSENCRANTZ.

Eh quoi!
Je ne puis pas, vraiment.

HAMLET.

Mais je vous en supplie.

ROSENCRANTZ.

Je ne sais pas jouer de la flûte.

HAMLET.

Folie!
Vous vous trompez.

ROSENCRANTZ.

Seigneur...

HAMLET.

Bouchez avec vos doigts
Et découvrez ces trous, et soufflez à la fois;
Les sons vont en sortir en musique divine.
Voici la flûte, allez.

ROSENCRANTZ.

Vouloir que je devine
L'art tout entier des sons qu'on ne m'a point appris!

HAMLET.

Ah! je suis donc tombé bien bas dans vos mépris!
Quoi! vous voulez jouer de moi, par Notre-Dame!
Vous voulez pénétrer les secrets de mon âme,
Vous n'avez pas besoin de prendre de leçons
Pour tirer de mon cœur à votre gré des sons,
Et vous feriez vibrer mes passions, sans faute,
De leurs tons les plus bas à la clef la plus haute...
Quand vous ne pouvez pas éveiller sous vos doigts
Le concert endormi dans le fond d'un hautbois!
Ah! ah! vous pensiez donc que, me livrant sans lutte,
On peut plus aisément m'apprendre que la flûte!

5.

Allez! vous aurez beau sur mon âme souffler,
Instrument mal appris, je ne veux pas parler!
Bonjour, monsieur.

(Il fait un mouvement pour sortir et rencontre Polonius.)

SCÈNE IV.

Les Précédents, POLONIUS.

POLONIUS.

Seigneur, votre mère s'informe...

HAMLET, prenant Polonius et le conduisant à la fenêtre.

Voyez donc ce nuage : il a presque la forme
D'un chameau, n'est-ce pas?

POLONIUS.

Par la messe, en effet!
Un chameau véritable! un chameau tout à fait!

HAMLET.

On jurerait, d'ici, qu'on voit une belette.

POLONIUS.

Une belette? oui! la belette est parfaite!

HAMLET.

C'est tout une baleine.

POLONIUS.

Oh! c'est frappant, mon Dieu!
Comme c'est la baleine!

HAMLET.

Alors mon cher, adieu.

(Bas, à Horatio.)
Il est des courtisans même pour la folie.
(Haut, à Polonius.)
Je vais aller trouver ma mère.

POLONIUS, qui cherchait encore dans les nuages.
Oui... je m'oublie.
HAMLET.
Sur l'heure, entendez-vous! Voulez-vous me laisser?
(Tous sortent.)

SCÈNE V.

HAMLET, seul.

Sur l'heure!... Simple à dire et terrible à penser!
Et c'est l'heure propice aux mystères magiques,
Où, laissant leur sommeil et leurs lits léthargiques,
Les morts quittent la tombe et les démons l'enfer;
Et, la pitié quittant aussi mon cœur de fer,
Je pourrais maintenant, comme un spectre insensible,
Boire du sang fumant, oser quelque œuvre horrible
A faire reculer le soleil de terreur...
Non, ma mère m'attend : du calme! Et toi, mon cœur,
Reste grand, le courroux peut enfler ma narine,
Mais l'âme d'un Néron n'est pas dans ma poitrine.
Je veux être inflexible, et non dénaturé;
Je montrerai le fer, mais je le retiendrai.
Jouez la comédie, ô ma langue et mon âme!
Mais, quelque amer et dur que s'exhale mon blâme,
Avec quelque fureur que tonne mon discours,
Que ma mère, ô mon Dieu! soit ma mère toujours.

SEPTIÈME PARTIE

La Salle de la deuxième Partie.

SCÈNE PREMIÈRE.

LE ROI, seul, méditant; plus tard HAMLET.

LE ROI.

Mon horrible forfait, vapeur noire, empestée,
Va montant jusqu'au ciel. Ma vie ensanglantée
Sous l'anathème ancien du premier meurtrier
Sanglote et se débat. Si je pouvais prier!...
Non : mon crime est trop lourd, mon âme trop débile!
Comme entre deux devoirs, je m'arrête immobile :
Par lequel commencer? et rien n'est accompli.
— Mais quoi! l'homme a le crime, et le Seigneur l'oubli.
Ma main du sang d'Abel serait encor plus noire,
Que le pardon divin, rosée expiatoire,
Lui rendrait la blancheur de la neige des champs.
Quand Dieu serait-il bon si nous n'étions méchants?
Qu'est-ce que la prière? un appui dans la lutte,
Qui soutient au combat, relève après la chute.
Relevons donc ensemble et mon cœur et mes yeux.
— Oui, mais avec quels mots vais-je parler aux cieux?
« Pardonnez-moi mon meurtre affreux? » C'est impossible :
J'ai dans mes mains le prix de ce meurtre terrible,
Cette femme, le sceptre et la grandeur des rois.
Quoi! jouir du pardon et du crime à la fois?

Folie! Au poids de l'or, en ce monde, le crime
Achète la justice, et le juge a la prime
Des profits du coupable; oui, mais payez donc Dieu!
Quand la vérité parle, osez mentir un peu!
Lorsque vos actions vous regardent en face,
Essayez de nier! non! il faut crier grâce!
Suis-je donc dans l'abîme enfoncé trop avant?
Anges du ciel, voyez, je suis encor vivant,
Essayez, sauvez-moi! Fléchis, genou rebelle!
Cœur aux fibres d'acier, sois plus tendre et plus frêle
Que le cœur palpitant d'un enfant nouveau-né,
Et tout peut aller bien!

(Il tombe à genoux. — Entre Hamlet.)

HAMLET, apercevant le roi, — avec plus de terreur que de joie.

Quel moment m'est donné!
Il prie, et je dois tout accomplir!

(Il tire à demi son épée, puis la laisse retomber au fourreau pour essuyer de sa main la sueur froide de son front, tire enfin brusquement l'épée et s'appuie dessus chancelant, fait deux pas vers le roi, puis s'arrête, fait encore un pas et s'arrête encore, secouru par une réflexion soudaine.)

Mais j'y pense :
Il prie, il irait droit au ciel! Je récompense,
Moi qui viens pour punir! Voyons : un scélérat
M'assassine mon père, et, moi, moi, fils ingrat,
J'envoie au sein de Dieu le maudit! ma vengeance
Est alors amitié, ma colère indulgence.
Mon père est mort sans prêtre; un grave jugement
Pèse à présent sur lui : serait-ce un châtiment
Pour le lâche assassin, que d'immoler l'infâme
Quand, prêt pour le voyage, il épure son âme?...
Non, non! rentre au fourreau, mon épée, et tous deux
Attendons, pour frapper un coup moins hasardeux.
Et quand nous le verrons dans un accès de rage,
Ivre, au jeu, répandant le blasphème et l'outrage,

Quand il sera coupable, et non pas repentant,
Alors qu'il commettra quelque crime éclatant
Qui lui ferme à jamais le chemin de la grâce,
Frappons! frappons! afin que son talon menace
Les cieux, quand le damné, que son ange aura fui,
Tombera dans l'enfer, moins noir encor que lui! —
Ma mère n'est pas là?... Toi, ta prière impie
Retarde peu ta mort que le démon épie.

(Il sort.)

LE ROI, se relevant, morne.

Les mots montent dans l'air, la pensée est en bas,
Et les mots sans pensée à Dieu n'arrivent pas.

(Il sort lentement et la tête baissée.)

SCÈNE II.

LA REINE, POLONIUS, entrant par une autre porte; ensuite HAMLET.

POLONIUS.

Il me suit. Tancez-le vertement. Qu'il apprenne
Quel juste châtiment l'eût atteint, si la reine...

HAMLET, appelant du dehors.

Mère!...

POLONIUS.

Il vient. Je me cache et ne vais plus souffler.

LA REINE.

Bien! et vous allez voir si j'ose lui parler!

(Polonius se cache sous une portière en tapisserie. Entre Hamlet.)

HAMLET, cherchant des yeux le roi.

Vous m'avez fait mander; que voulez-vous, ma mère?

LA REINE.

Hamlet, vous offensez gravement votre père.

HAMLET.

Mère, vous offensez mon père gravement.

LA REINE.

Allons donc! c'est un fou qui me répond, vraiment!

HAMLET.

Allez! c'est une impie à coup sûr que j'écoute.

LA REINE.

Qu'est-ce à dire?

HAMLET.

Plaît-il?

LA REINE.

Vous oubliez sans doute
Qui je suis; mais je vais envoyer près de vous
Quelqu'un qui vous fera répondre mieux que nous.

(Elle fait un mouvement pour s'éloigner. Hamlet lui barre le chemin.)

HAMLET.

Restez! je me souviens, par la croix! au contraire :
N'êtes-vous pas la reine, et la femme du frère
De votre époux? de plus, pour mon malheur, hélas!
Ma mère? répondez.

(Lui saisissant la main.)

Vous ne sortirez pas,
Vous ne bougerez pas, que je n'aie à votre âme
Offert un miroir sûr où vous pourrez, madame,
La voir dans ses replis les plus secrets.

LA REINE, effrayée.

A moi!
Veux-tu m'assassiner? Au secours!

POLONIUS, derrière la tapisserie.

Holà! quoi!

Au secours!

HAMLET, se retournant et tirant son épée.

Qu'est-ce donc? un rat?

(Il donne de son épée dans la tapisserie.)

Mort, je parie!
Un ducat qu'il est mort!

POLONIUS.

Je meurs...

LA REINE.

Quelle furie!
Qu'as-tu fait? ô mon Dieu!

HAMLET.

N'est-ce donc pas le roi?

LA REINE.

Une action sanglante!

HAMLET.

Oui, sanglante, et, je crois,
Presque aussi criminelle, au fond, ma bonne mère,
Que de tuer un roi pour épouser son frère.

LA REINE, épouvantée.

Tuer un roi!

HAMLET.

Pardieu! c'est bien ce que j'ai dit!

LA REINE.

O ciel!

HAMLET, soulevant la tapisserie.

Polonius! ah! je suis bien maudit!
Celle qui portera le poids de ma folie
Sera donc toi toujours, Ophélie! Ophélie!
Épargnez l'assassin par méprise, mon Dieu!
Et toi, pauvre indiscret, fou téméraire, adieu!
Je t'ai pris pour plus grand que toi. Subis ta peine.
De l'affaire d'autrui pourquoi fis-tu la tienne?

(Il laisse retomber la tapisserie, remet son épée au fourreau
et revient près de sa mère.)

Asseyez-vous, madame.

(La reine se tord les mains de désespoir.)

A moi seul la rigueur :
Ne tordez pas vos mains, je vous tordrai le cœur!
S'il y reste du moins quelque fibre sensible,
Si, tout bronzé qu'il est, Dieu veut qu'il soit possible
D'y faire pénétrer quelque bon sentiment.

LA REINE.

Pour que ta voix me parle, Hamlet, si rudement,
Qu'ai-je donc fait, voyons?

HAMLET.

Vous l'ignorez, madame?
Ah! vous avez commis une action infâme!
Une lâche action qui transforme, ô noirceur!
Les vœux du mariage en serments de joueur;
Qui détache du front de tout amour sincère
Sa couronne de fleurs, pour y mettre un ulcère;
Une action qui fait le monde plein d'horreur!...
Aussi, voyez, le ciel s'enflamme de fureur,
Et l'air, tout attristé d'une action si sombre,
Est, comme au dernier jour, chargé de brume et d'ombre.

LA REINE.

O malheur! quels sont donc ces crimes effrayants
Que dénoncent si haut tes accents foudroyants?

HAMLET, comparant un médaillon qu'il a au cou
à celui que porte sa mère.

Regardez ces portraits : les portraits des deux frères.
Voyez ce pur visage où tous les dons contraires
Pour un type idéal sont mêlés par les dieux.
Apollon a prêté ses longs cheveux soyeux,
Jupiter son beau front, Mars son œil qui menace.
Dans ce noble maintien Mercure a mis sa grâce,

Quand aux cimes des monts glisse son vol si doux.
Or, cet homme parfait, il était votre époux.

(Montrant le second portrait.)

Cet autre est votre époux. C'est l'épi dans la gerbe,
Par la nielle gâté, gâtant l'épi superbe.
Vous n'aviez donc pas d'yeux, que vous avez quitté
Pour le fangeux marais le sommet enchanté?
Ah! vous n'aviez pas d'yeux! et votre aveugle rage
N'était pas de l'amour; car enfin, à votre âge,
L'ardeur du sang se calme et cède à la raison.
Mais la raison peut-elle en aucune façon
Conseiller de tomber de cet homme à cet autre?
Vous vivez, votre pouls bat ainsi que le nôtre,
Donc, vous devez sentir. Mais votre sentiment
Était paralysé, madame, assurément!
Est-il transport si sourd, si stupide inconstance,
Que ne frappe d'abord une telle distance?
Quel démon vous trompait et vous cachait les cieux?
Les yeux sans le toucher, le toucher sans les yeux,
L'oreille sans les mains, l'odorat sans l'oreille,
Tout sens, même altéré, d'une absence pareille
Averti sur-le-champ, ne s'y fût pas mépris.
Honte! ne sais-tu plus rougir sous le mépris?
Révoltes de l'enfer! si vos feux éphémères
Brûlent encore ainsi les veines de nos mères,
A notre âge enflammé, la vertu par lambeau
Se fondra, cire ardente, à son propre flambeau!
La jeune passion ne sera plus honteuse,
La raison aux désirs sert bien d'entremetteuse!

LA REINE.

Hamlet, tais-toi! tu fais que mon regard profond
Se tourne vers mon âme, et que j'y vois au fond
Des taches de péché noires et gangrenées
Que n'effaceraient pas des centaines d'années.

HAMLET.

Et le tout pour chercher des plaisirs monstrueux
Dans l'impure sueur d'un lit incestueux!
Le tout pour prodiguer l'amour et ses tendresses
Sur un fumier infect qui souille les caresses!

LA REINE.

Assez! grâce! pardon! apaise ces regards!
Oh! pitié, cher Hamlet! tes mots sont des poignards!

HAMLET.

Qu'est-ce que votre époux? un valet misérable!
L'exécrable Caïn d'un Abel adorable!
Un roi de carnaval qui filouta la loi
Et le pouvoir. Un jour, la couronne de roi
Se trouve sous sa main, le traître la décroche
Et, larron sans pudeur, la fourre dans sa poche.

LA REINE.

Assez! assez!

HAMLET.

Un roi de pièces et haillons!

(Le Spectre du père d'Hamlet, en habit de chambre, apparaît, visible
pour Hamlet seul.)

Sauvez-moi, cachez-moi, célestes légions!
C'est lui!

LA REINE.

Qui, lui?

HAMLET, au Spectre.

Voyons! que voulez-vous, chère Ombre?

LA REINE.

Mon fils est fou! malheur!

HAMLET.

Oui, mes lenteurs sans nombre
Vous irritent? le temps passe, l'émotion

S'éteint? Je sonde trop la sinistre action
Que vous m'avez prescrite, et toujours je diffère?

LE SPECTRE.

Oui. Souviens-toi. Tu vas te souvenir, j'espère!
Je viens pour réveiller ta volonté qui dort.
Mais vois ta mère, Hamlet, tremblante de remord.
Oh! mets-toi donc entre elle et son âme obsédée!
C'est dans ces faibles corps qu'est puissante l'idée.
Parle-lui, cher Hamlet.

HAMLET, à la reine.

Madame, qu'avez-vous?

LA REINE.

Oh! je vous le demande à vous-même, à genoux.
D'un avide regard pourquoi sonder l'espace?
Pourquoi parler, répondre à la brise qui passe?
Ton âme par tes yeux hagards semble jaillir,
Et, soldats endormis qu'un cri fait tressaillir,
Tes cheveux, frissonnant d'un souffle de tempête,
Se dressent animés et vivants sur ta tête.
Bien-aimé, verse au feu bouillant de ton courroux
La froide patience. — Oh! que regardez-vous?

HAMLET.

Lui! lui! c'est effrayant! voyez comme il est pâle.
Son aspect douloureux sur sa cause fatale
Ferait pleurer le marbre.

(Au Spectre.)

Oh! ne regarde pas!
La plainte de tes yeux affaiblirait mon bras,
Et, le corps défaillant, l'âme pleine d'alarmes,
Peut-être au lieu de sang je verserais des larmes.

LA REINE.

Mais à qui parlez-vous?

HAMLET.

Là! ne voyez-vous rien?

LA REINE.

Non : les objets présents, pourtant, je les vois bien!

HAMLET, suivant le Spectre qui traverse le théâtre.

Et n'entendez-vous rien?

LA REINE.

Non, rien que ta parole.

HAMLET.

Mais regardez donc là! Voyez : triste, il s'envole.
C'est mon père!

LA REINE, jetant un cri.

Ah!

HAMLET.

Vêtu comme de son vivant.
Sous le portail, tenez! encor. Plus rien : du vent!

LA REINE.

Imaginations que la fièvre t'inspire!
Fantômes imposteurs qu'évoque le délire!

HAMLET.

Le délire? non pas! non! que votre terreur
N'aille pas s'abuser de cette douce erreur :
— C'est sa fièvre qui parle. — Oh! c'est bien votre crime!
Gardez que ce vain baume, ô mère, n'envenime
Votre mal qu'au dehors il cicatriserait,
Tandis que la gangrène en dedans vous mordrait.

LA REINE.

Tu déchires mon cœur.

HAMLET.

Jetez-en donc la fange,
Et n'en gardez que l'or. Plus de démon dans l'ange.

Dès cette nuit, fuyez votre époux, votre affront!
La vertu manque au cœur, qu'on l'ait du moins au front.
Sur ce, madame, adieu. Quand vous serez bénie,
Vous pourrez me bénir.
(Il va à la porte, soulève la tapisserie, et considère douloureusement
le corps de Polonius.)

Pour ce pauvre génie,
Je sens là des remords... Mais le ciel aujourd'hui
A voulu nous punir, lui par moi, moi par lui;
Car je suis du grand juge instrument et victime.
Je me charge du corps et répondrai du crime.
Adieu. Pour être bon, je dois être inhumain.
Le premier pas est fait, la mort est en chemin.
(Il sort et emporte le corps de Polonius.)

LA REINE, couvrant son visage de ses mains.

Dieu de justice!

SCÈNE III.

LA REINE, LE ROI.

LE ROI, entr'ouvrant la porte du fond.

Eh bien?

LA REINE.

Oh! quel accès de rage!

LE ROI, entrant.

Hamlet?...

LA REINE.

Il est plus fou que la mer et l'orage
Quand ils luttent à qui restera le plus fort;
Et, saisi tout à coup d'un aveugle transport,
Entendant quelque bruit sous la tapisserie,
Il a mortellement frappé dans sa furie
Le malheureux vieillard.

LE ROI.

    Oh!... C'est affreux cela!
C'est moi qu'il eût atteint si j'avais été là!
Libre, il menace tout, ma vie et votre vie.
Quel crime! et c'est à nous que s'en prendra l'envie.
— Et que dit-il?

    LA REINE.

     Il pleure. Il peut pleurer encor!
Le minerai grossier a quelques filons d'or!

    LE ROI.

Mais que fait-il?

    LA REINE.

     Il cache à présent le cadavre,
Et son remords témoigne une douleur qui navre.

    LE ROI.

Ah! dès que le soleil va luire sur nos monts,
Il faudra l'éloigner, vois-tu, si nous l'aimons.
Et je n'aurai pas trop d'adresse et de prestige
Pour excuser sa faute et couvrir son vertige.
    (Entrent Rosencrantz et Guildenstern.)
Mes amis, Hamlet a, dans ses sombres transports,
Tué Polonius et dérobé le corps.
Voyez à l'apaiser. Cherchez-le. Qu'on l'appelle,
Et faites transporter le corps dans la chapelle.
    (Rosencrantz et Guildenstern sortent.)
Moi, de mes conseillers j'assemble les meilleurs,
Et leur dis mes projets ensemble et nos malheurs.
La calomnie ainsi, trait qui jamais ne passe
Et ne manque son but, se perdra dans l'espace.
Viens. Mon cœur est troublé comme s'il défaillait.
Viens.
    (Le roi et la reine sortent par la porte du fond.)

SCÈNE IV.

HAMLET, puis ROSENCRANTZ et GUILDENSTERN.

HAMLET, rentrant, à lui-même.

Il est en lieu sûr.

ROSENCRANTZ et GUILDENSTERN, derrière la scène.

Hamlet! seigneur Hamlet!

HAMLET.

Mais doucement! on vient, et c'est moi qu'on appelle.

(Rosencrantz et Guildenstern entrent.)

ROSENCRANTZ.

Prince, qu'avez-vous fait du cadavre?

HAMLET.

Il se mêle
A la fange, sa sœur.

ROSENCRANTZ.

Mais où l'avez-vous mis?
Il faut l'ensevelir.

HAMLET.

Ah! vous croyez, amis?...

ROSENCRANTZ.

Quoi?

HAMLET.

Que je vis par vous et non par moi? Mensonge!
Se voir interrogé d'ailleurs par une éponge!
Quelle réponse peut lui faire un fils de roi?

ROSENCRANTZ.

Comment! vous me prenez pour une éponge? moi!

HAMLET.

Oui, l'éponge du roi, qui boit ses récompenses,
Ses faveurs, son pouvoir. Mais, plus que tu ne penses,
Tu sers à ce bon roi qui fait de vous, mes sots,
Ce que le singe fait de ses premiers morceaux :
Réservés dans sa bouche, à loisir il les gobe.
Quand le prince a besoin des dons qu'on lui dérobe,
Quand il veut promptement réparer quelque échec,
Éponges, il vous presse et vous êtes à sec !

SCÈNE V.

LES MÊMES, LE ROI, DEUX OFFICIERS.

LE ROI.

Prince Hamlet, où donc est Polonius?

HAMLET.

A table.

LE ROI.

Mais où?

HAMLET.

Dans un festin sinistre et redoutable
Où l'on ne mange pas, mais où l'on est mangé.
Par un congrès de vers le pauvre homme est rongé.
Les vers sont souverains en fait de nourriture.
L'homme engraisse d'un soin gourmand la créature,
Pour s'engraisser? Non pas! pour engraisser les vers!
Un gueux maigre, un roi gras, ce sont deux mets divers,
Deux ragoûts variés, mais pour la même table.
Table suprême !

LE ROI.

Hélas!

HAMLET.

Il est incontestable
Qu'on peut, avec le ver qui mangea d'un grand roi,
Se pêcher un poisson, puis manger sans effroi
Ce poisson qui mangea ce ver.

LE ROI.

Que veux-tu dire?

HAMLET.

Rien, sinon vous montrer par quelle route, sire,
Un roi peut traverser l'estomac d'un rustaud.

LE ROI.

Oh! mais Polonius?...

HAMLET.

Est maintenant là-haut.
Envoyez plutôt voir! Si l'on ne l'y découvre,
Allez en bas : pour vous cette porte-là s'ouvre.
Si vous ne voulez pas l'y chercher toutefois,
On trouvera sa piste aisément dans un mois
En montant l'escalier de gauche.

LE ROI, à Rosencrantz et à Guildenstern.

Allez-y vite.

(Ils sortent.)

HAMLET.

Oh! je ne pense pas, mon Dieu, qu'il vous évite.

SCÈNE VI.

HAMLET, LE ROI, Les Deux Officiers.

LE ROI, après avoir fait signe aux officiers.

Il est trop de dangers dans votre liberté,
Hamlet!...

HAMLET.

Ah!

LE ROI.

Nous prendrons, pour votre sûreté,
Des mesures.

HAMLET, les bras croisés, le regardant en face.

Vraiment? — Eh bien, je vous engage
A vous en abstenir.

LE ROI.

Mais...

HAMLET, sévère.

Assez!

LE ROI, reculant, troublé.

Quel langage!
Tu ne peux pourtant voir mon dessein, quel qu'il soit.

HAMLET.

Non, c'est vrai, mais je vois un ange qui le voit.

(Il sort.)

HUITIÈME PARTIE

Même décor.

SCÈNE PREMIÈRE.

LE ROI, LA REINE, puis HORATIO.

LE ROI, entrant.

Pas de nouvelles?

LA REINE.

Non. Depuis hier au soir,
Hamlet on ne sait où cache son désespoir,
Et fuit. Horatio cherche en vain à le joindre.
On l'a revu, le jour ne faisait que de poindre,
Sur le bord de la mer ; puis, pendant le convoi,
Près de l'église. — Et vous, qu'avez-vous appris?

LE ROI.

Moi,
Je suis près de céder au destin qui m'assiége.
Laerte...

LA REINE.

Dieu!

LE ROI.

Laerte, arrivant de Norvége,
Débarque en ce moment.

HUITIÈME PARTIE.

LA REINE, avec un cri.

Mon fils est en danger!

LE ROI.

Et nous avec lui.

LA REINE.

Sire! il faut le protéger!

(Entre Horatio.)

LE ROI.

Horatio!

HORATIO.

Seigneur, c'est la pauvre Ophélie
Qui voudrait entrer.

LE ROI.

Non!

HORATIO.

Elle vous en supplie.
Son père et son amour en un seul jour perdus
Ont sans doute troublé ses esprits éperdus.
Nous cherchons vainement un sens à sa parole,
Et ses yeux égarés...

LA REINE.

Malheur! elle aussi, folle!

LE ROI.

Mais de quoi parle-t-elle?

HORATIO.

Oh! de son père mort,
Des hommes tous méchants, plus méchants que le sort.
Elle frappe son cœur, sanglote, puis s'irrite,
Dit sérieusement des paroles sans suite,
Tient d'étranges discours, qui pourtant font rêver
Et qu'avec la pensée on tâche d'achever.

6.

Ses gestes, ses regards prêtent à ses mots vagues
Le sens mystérieux du nuage et des vagues.
On sent vivre et penser son rêve ténébreux,
Car on le sent souffrir, souffrir d'un mal affreux.

LE ROI.

Amenez-la-nous donc.

(Horatio sort.)
Ses paroles obscures
Feraient faire aux méchants d'horribles conjectures.

SCÈNE II.

LE ROI, LA REINE, OPHÉLIE, HORATIO.

OPHÉLIE, entrant, les cheveux et les vêtements en désordre.

La belle majesté du Danemark?...

LA REINE.

Eh bien?
Qu'avez-vous, chère enfant?

OPHÉLIE, chante.

— Votre amoureux, à quels gages
Le reconnaîtrai-je donc?
— Il a sandales, bourdon,
Et chapeau de coquillages.

LA REINE.

Mais elle ne dit rien,
Hélas! votre chanson.

OPHÉLIE.

Comment! je vous supplie,
Écoutez :
Mort en sa jeune saison,
On l'a mis au cimetière.

> A sa tête est une pierre,
> A ses pieds un vert gazon.

Oh! oh! Dieu!..

(Elle sanglote.)

LA REINE.

Voyons, chère Ophélie!...

OPHÉLIE.

Écoutez, écoutez :

> Son linceul blanc comme neige
> Était parsemé de fleurs,
> Mais l'amour avec ses pleurs
> Manquait au triste cortége.

LE ROI.

Qu'est-ce que tout ceci?

(A Ophélie.)
Comment vous trouvez-vous, madame?

OPHÉLIE.

Bien, merci!
Que le Seigneur vous garde! On dit que la chouette
Fut la fille, autrefois, d'un boulanger. Pauvrette!
Hélas! je reconnais aujourd'hui mon chemin,
Mais qui pourra me dire où je serai demain?
Pauvre, pauvre vieillard!

LA REINE.

Elle pense à son père.

OPHÉLIE.

Nous n'allons plus parler de tout cela, j'espère!
Le sens caché? mon Dieu! je vais vous l'aplanir.

> Voici le matin
> De Saint-Valentin,
> Et je viens, mutine,

Vous dire bonjour,
Pour être en ce jour
Votre Valentine.

LA REINE.

Pauvre enfant!

OPHÉLIE.

Encore un, et puis je vais finir.

— Bel ange adoré,
Je t'épouserai,
Disiez-vous naguère.
— Oui, mais, entre nous,
L'amant à l'époux
Fait trop peur, ma chère!

(Un officier entre, remet une dépêche au roi et sort.)

LE ROI, lisant la dépêche, à lui-même

Une émeute... Oh! que faire?

OPHÉLIE.

Attendez. Tout à l'heure
Cela s'arrangera. Mais malgré moi je pleure,
En songeant qu'ils l'ont mis en terre tout transi.
Mon frère le saura, c'est trop juste. — Merci!
Ma voiture? — Bonsoir. — Bonsoir, ma chère dame.

(Elle sort en fredonnant.)

LA REINE, à Horatio.

Surveillez-la de près, en grâce, la pauvre âme!

(Sort Ophélie, suivie par Horatio.)

SCÈNE III.

LE ROI, LA REINE, puis MARCELLUS.

LE ROI.

C'est la mort de son père, et l'horrible poison
D'une amère douleur qui lui prend sa raison.

Gertrude, les malheurs marchent toujours par troupe :
Polonius tué, le peuple qui se groupe
Autour des malveillants et murmure tout bas,
Votre fils qui se cache et qu'on ne trouve pas,
Ophélie insensée et dont l'âme abattue
Ne laisse en s'égarant qu'une belle statue...
Enfin, pour dernier coup qui les égale tous,
Laerte furieux, révolté contre nous !
— Ce billet me l'apprend, — et que la calomnie
A sans peine excité son turbulent génie...
Un seul de ces fléaux pourrait donner la mort,
Et tous vont nous briser sous leur commun effort.

(Rumeurs au dehors.)

LA REINE.

Mon Dieu! quel est ce bruit?

LE ROI.

Holà! quelqu'un! mes gardes!
Qu'on défende la porte! allons! les hallebardes!

MARCELLUS, entrant précipitamment.

Oh! fuyez, monseigneur! l'océan courroucé
N'engloutit pas ses bords d'un flot plus insensé,
Que le jeune Laerte, en sa fureur rebelle,
Ne renverse là-bas votre garde fidèle.
La foule voit en lui déjà son souverain.
Le monde est né d'hier! plus de lois! plus de frein,
D'histoire, de passé! La populace crie :
Prenons pour roi Laerte! et, dans leur barbarie,
Tous, jetant leurs bonnets, d'applaudir sans effroi,
Et de vociférer : — Vive Laerte roi!

(Cris plus rapprochés.)

LE ROI.

Danois ingrats! voyez comme leur meute aboie,
Dans un joyeux élan, sur une fausse voie!

SCÈNE IV.

Les Précédents, LAERTE, Peuple.

LAERTE, l'épée à la main.

Le voilà donc, ce roi!

(Au peuple.)
Restez en dehors, tous.

LES DANOIS.

Non! entrons!

LAERTE.

Mes amis, de grâce, laissez-nous.

LES DANOIS.

Faisons comme il le dit.

(Ils se retirent au dehors.)

LAERTE.

Merci! gardez les portes!

(Au roi.)
Infâme roi! rends-moi mon père.

LA REINE.

Oh! tu t'emportes,
Bon Laerte. Du calme, allons!

LAERTE.

Du calme! eh quoi!
Une goutte de sang qui serait calme en moi
M'appellerait bâtard et flétrirait ma mère.

LE ROI.

Tu regretteras l'heure où ta révolte amère
Contre ton souverain se dresse impudemment.

HUITIÈME PARTIE.

LA REINE.

Mon Dieu!

LE ROI, à la reine.

Ne craignez rien! un divin sacrement
Marque les rois au front et sait forcer le traître
A détourner les yeux en offensant son maître.
Laerte, d'où te vient ce furieux transport?
(A la reine.)
Laissez faire.

LAERTE.

Je veux, moi, mon père!

LE ROI.

Il est mort.

LA REINE.

Mais ce n'est pas le roi...

LE ROI, à la reine.

Paix! qu'il parle, s'il l'ose.

LAERTE.

Mais comment est-il mort? croit-on que rien m'impose?
Au diable les serments et la fidélité!
Aux enfers le devoir, la foi, la loyauté!
Le dernier jour, ce monde et l'autre, peu m'importe!
Que je venge mon père, et que Satan m'emporte!

LA REINE.

Qui pourrait arrêter ce délire pervers?

LAERTE.

Ma seule volonté, mais non pas l'univers!

LE ROI.

Parce que vous voulez, Laerte, en votre rage,
Punir un meurtrier, — faut-il, comme l'orage,
Balayer devant vous, fils pieux à demi,
Innocent et coupable, ami comme ennemi?

LAERTE.

Rien que ses ennemis!

LE ROI.

Voulez-vous les connaître, Laerte?

LAERTE.

A ses amis tout mon sang, tout mon être!

LE ROI.

Eh bien donc, ses amis, c'est la reine, c'est moi.
Et son seul ennemi, — c'était Hamlet.

LAERTE.

Eh quoi!
Est-il possible? Hamlet, l'assassin de mon père!

LE ROI.

Pourquoi se cache-t-il? demandez à sa mère.

LA REINE.

Hélas! hélas! c'est vrai. Mais il est insensé,
Vous le savez, monsieur.

LAERTE.

Moi, tout ce que je sai,
C'est que mon père est mort, c'est qu'une main fatale
Trancha...

(Apercevant Ophélie qui entre.)

Ma sœur! ma sœur! Mon Dieu! comme elle est pâle!

SCÈNE V.

LES MÊMES, OPHÉLIE, bizarrement coiffée de fleurs
et de brins de paille.

OPHÉLIE, à son frère, sans le reconnaître.

Bonjour, prince.

LAERTE.

Elle est folle!— O mes pleurs enflammés,
Dévorez le regard dans mes yeux consumés!
Oh! va! je leur ferai payer cher ta folie,
Ma sœur, rose de mai, bonne et tendre Ophélie!
Mon Dieu! vous laissez donc s'éteindre au même vent
Le souffle du vieillard et l'esprit de l'enfant!
L'âme qu'un amour pur exalte d'heure en heure
Laisse à l'objet aimé sa moitié la meilleure.

OPHÉLIE, chantant.

On l'enterra sans voiler son front pâle.
Hélas! hélas! trois fois hélas!
Et tous les cœurs pleurent sa mort fatale...

Adieu, mon tourtereau!.

LAERTE.

Non, toute ta raison
Ne m'animerait pas contre la trahison
Autant que ce délire.

OPHÉLIE.

Eh! chantons : on commence.

En bas! qu'on le porte en bas!
Hélas! hélas! trois fois hélas!

Un refrain bien trouvé, certes : c'est la romance
Du méchant intendant qui, sans pitié, vola
La fille de son maître.

LAERTE.

Oh! oui, tous ces riens-là
En disent cent fois plus que des choses sensées.

OPHÉLIE, distribuant ses fleurs.

Pense à moi, doux ami! tiens, voici des pensées.
Et puis du romarin, la fleur du souvenir;
Séparés, son parfum saura nous réunir.

7

LAERTE.

Son cœur rappelle encor sa raison disparue.

OPHÉLIE, à la reine.

Partageons entre nous, madame, cette ruë,
Pour vous herbe de grâce, herbe des pleurs pour moi.
Voici de l'ancolie, et du fenouil, je croi,
Et puis encor, tenez, de blanches pâquerettes.
Je voulais vous donner aussi des violettes,
Mais toutes ont péri tristement, tristement,
Lorsque mon père est mort, mort, dit-on, saintement.

(Elle chante à genoux.)

Le bon petit Robin,
Il fait toute ma joie.

LAERTE.

Tristesse, passion, rêverie, enfer même,
Tout en elle devient grâce et charme suprême.

OPHÉLIE.

Ses cheveux blancs comme la neige
Égalaient en douceur le lin.
J'ai vu le noir cortége.
Hélas! que Dieu protége
Le mort et l'enfant orphelin!

Ainsi que tout chrétien, — c'est là mon dernier vœu.
Le ciel soit avec vous!

(Elle sort; sur un signe du roi, la reine la suit.)

SCÈNE VI.

LE ROI, LAERTE.

LAERTE.

Vous le voyez, mon Dieu!
Il faut que je la venge. Et cet Hamlet se cache!

Où trouver l'assassin, le meurtrier, le lâche?
La moitié de mes jours, pour l'avoir là vivant!

LE ROI.

Ah! que ne veniez-vous un jour auparavant!

LAERTE.

Un tel crime ne peut, pour nous et pour vous-même,
Demeurer impuni pourtant!

LE ROI.

     Sa mère l'aime
Et ne vit qu'en son fils, et, je ne sais pourquoi,
Mais, malheur ou vertu, je vis en elle, moi.
L'étoile ne se meut qu'en sa sphère, et mon âme
Ne respire, ne sent, ne vit qu'en cette femme.
Puis, le peuple eut toujours Hamlet pour favori
Et ne veut pas qu'on touche à son prince chéri.
Il changerait ses fers en guirlandes de fête,
Et ma flèche, impuissante au vent de la tempête,
A mon but de vengeance au lieu d'aller toucher,
Retournerait vers l'arc et percerait l'archer.

LAERTE.

Mais moi, mon père est mort! mais moi, ma sœur est folle!
Ma sœur qui, dès ce monde, avait une auréole!

LE ROI.

Laerte, — un bon conseil, qui, si tu le suivais...

LAERTE.

Vous n'allez pas, au moins, me conseiller la paix!

LE ROI.

Non, sois tranquille! guerre!

LAERTE.

     Oh! oui, guerre mortelle!

LE ROI.

Si je trouve un moyen... — ta vengeance est fidèle,
N'est-ce pas, et ne craint ni délai, ni retard?—
Si je trouve un moyen de frapper sans hasard?...

LAERTE.

Oh! dites!

LE ROI.

...D'amener sous tes coups la victime,
Sans que nul dans sa mort puisse trouver un crime?

LAERTE.

Soyez la tête, allez! mais que je sois le bras!
Que je sois le poignard!

LE ROI.

Eh bien, tu le seras.
— Laerte, on vous vantait, pendant votre voyage,
En présence d'Hamlet, d'un talent de votre âge
Où l'on vous disait maître, et ce mince agrément
A rendu plus jaloux le prince, assurément,
Que tous vos autres dons, — tant la jeunesse est folle!

LAERTE.

Ce talent, quel est-il?

LE ROI.

Rien qu'un ruban frivole
Au chapeau d'un jeune homme, et qui lui sied pourtant.
Que notre habit soit sombre et le vôtre éclatant!
Nous portons le cilice, et vous portez la soie,
Vous, l'espérance, et nous, le deuil de notre joie.
Nous avions un seigneur normand, le dernier mois;
Comment le nommait-on déjà? Lamond, je crois.
Sa mémoire de vous était tout occupée;
Mais surtout il vantait votre adresse à l'épée.
Vous feriez un assaut merveilleux entre tous,
S'il s'offrait un rival un peu digne de vous,.

Assurait-il. Mais bah! les escrimeurs de France,
Devant vous sur-le-champ perdant toute assurance,
N'avaient plus ni sang-froid, ni ruse, ni coup d'œil.
Et là-dessus, Hamlet, dans son jaloux orgueil,
N'eut plus, de ce moment, de souhaits et d'alarmes
Que sur votre retour, pour faire un assaut d'armes.
— Eh bien, Laerte?...

LAERTE.
Eh bien?

LE ROI, brusquement, après une pause.

Aimiez-vous tendrement
Votre père, voyons? ou votre accablement
Est-il joué?

LAERTE.
Joué! vous raillez, ciel et terre!

LE ROI.
Que feriez-vous donc bien pour venger votre père?

LAERTE.
Ce que je ferais?

LE ROI.
Oui.

LAERTE.
J'irais du coup mortel
Percer son assassin, — fût-ce au pied de l'autel.

LE ROI.
Bien! le lieu saint convient au meurtre expiatoire.
— Mais tenez, cher ami, si vous voulez m'en croire,
Laissez-moi tout mener, à compter d'aujourd'hui.
Quand Hamlet reviendra, nous ferons devant lui
Vanter votre talent, et rappeler l'estime

Où vous tient ce Français à l'endroit de l'escrime.
Nous amènerons bien un assaut, des paris.
Hamlet, jeune, pour qui la vie a peu de prix,
Généreux, confiant, ne va pas prendre garde
Au fleuret qu'on lui donne, et l'on peut, par mégarde,
Vous présenter, à vous, un fer non émoussé...
Alors, vous comprenez? un coup bien adressé,
Et vous êtes payé du sang de votre père!
Qu'en dites-vous?

LAERTE.

Je dis... je suis prêt à tout faire!

LE ROI.

Bien! — Je sais un poison, pour plus de sûreté,
Où l'on pourra tremper le fer démoucheté;
Et l'étrange vertu de la liqueur est telle
Qu'une simple piqûre est la mort avec elle.

LAERTE.

Tout est bon à ma rage!

LE ROI.

Il faudrait agencer
Quelque arrière-projet qui viendrait remplacer
Notre premier essai, s'il nous manquait en route.
(Réfléchissant.)
Un moment : attendez. Oui... c'est cela... Sans doute!
On engage sur vous des paris importants...
J'y suis. Quand vous serez échauffés, haletants, —
Et poussez-le-moi ferme! Hamlet, la chose est sûre,
Va demander à boire... et, si quelque blessure
Ne l'a déjà frappé, l'eau qu'on lui versera,
Ne fît-il qu'y goûter, nous en délivrera.
(Apercevant la reine qui entre éplorée.)
La reine!

SCÈNE VII.

Les Mêmes, LA REINE.

LE ROI.
Oh! qu'est-ce encor?

LA REINE.
      Mon âme est foudroyée
Par un nouveau malheur! Ophélie est noyée.

LAERTE.
Qui? ma sœur! noyée! où?

LA REINE.
      Dans le prochain ruisseau,
Un vieux saule en rêvant mire au cristal de l'eau
Ses rameaux éplorés aux teintes monotones.
C'est là qu'ayant tressé des fleurs et des couronnes,
Elle voulut suspendre au feuillage ployé
Son trophée odorant... Mais sous son petit pié
Une branche se brise, et la pauvre enfant tombe,
Avec toutes ses fleurs, au noir ruisseau, sa tombe.
Et, d'abord, ses habits étalés et flottants
La soutiennent sur l'eau pendant quelques instants.
On aurait dit de loin une blanche naïade.
Riante, elle chantait des fragments de ballade,
Frappait l'onde en jouant, sans souci du danger,
Et, comme un cygne, calme, elle semblait nager.
Mais ce ne fut pas long! car l'eau trempait sa robe,
Et la pauvre petite au ciel bleu se dérobe,
Et la vague, éteignant sa vie et son accord,
De sa douce chanson l'entraîne dans la mort.

LAERTE.
Morte! ô Dieu! mon pauvre ange! oh! mais c'est qu'elle emporte
Mon espoir et ma vie! Elle est morte! elle est morte!

LE ROI, bas.

Morte aussi par Hamlet!

LAERTE.

     Par Hamlet! mais je veux
Que ce bras, d'un seul coup, les venge tous les deux!

NEUVIÈME PARTIE

Un cimetière.

SCÈNE PREMIÈRE.

HAMLET, seul, puis un CAPITAINE NORVÉGIEN.

HAMLET, seul, rêvant.

Passerai-je ma vie à savourer mes larmes!...
(On entend à droite la fanfare d'une troupe en marche.)
Mais qu'est-ce que ceci?
(Regardant.)
Toute une troupe en armes!
Ce n'est pas de nos gens? Quelque prince étranger
Qui conduit bravement ses moutons au danger.
Allons! du cimetière où ma course m'amène
On est au mieux pour voir passer la gloire humaine.
(Interpellant un officier qui passe.)
Mon bon monsieur! pardon! à qui ces troupes-ci?

LE CAPITAINE.

Monsieur, à la Norvége.

HAMLET.

Où vont-elles ainsi?

LE CAPITAINE.

Attaquer la Pologne.

HAMLET.

Oui-da! leur chef se nomme?

LE CAPITAINE.

Fortinbras, l'héritier de Norvége, un jeune homme.
Mais ce que vous voyez n'est qu'un détachement.
L'armée arrivera sous peu de jours.

HAMLET.

Vraiment?
On veut donc s'emparer de la Pologne entière.

LE CAPITAINE.

Oh! mon Dieu! non, monsieur, d'un coin de la frontière.
La chose de l'avoir. Je n'en donnerais pas,
S'il fallait l'exploiter, plus de quatre ducats.

HAMLET.

Alors les Polonais ne vont pas se défendre?

LE CAPITAINE.

Oh! oh! leur garnison n'est pas prête à se rendre!

(Il sort.)

HAMLET, seul.

Deux mille hommes au moins et vingt mille ducats
Perdus pour un fétu — qu'ils ne gagneront pas!...
Ah! Dieu! tout m'éperonne et tout m'appelle lâche!
Quoi! sans cesse j'oublie et j'ajourne ma tâche,
Et, raisonnant, creusant mon scrupule trompeur,
Fait d'un quart de sagesse et de trois quarts de peur,
Je me borne à rêver au but où je m'efforce,
Quand j'ai pour moi le droit, la volonté, la force.
Agissons! tout m'y pousse. Eh! ce prince, un enfant!
Brave bien l'avenir et mène, triomphant,
Ame ardente au péril et de gloire affamée,
Tout jeune et délicat, cette imposante armée!
Que lui font dangers, mort et douleurs du chemin!
Il va! son sort, douteux comme tout sort humain,

Il le risque sans peur, pourquoi? pour une paille!
Et moi, l'âpre souci qui me tient et m'assaille,
Moi, la honte à laver et le meurtre à punir,
Raison et passion, tout me doit soutenir,
Et je reste à dormir, insensible, immobile,
Quand je vois, — cachons-nous! — des hommes, par vingt mille,
Capricieux de gloire, en riant, sans effort,
Comme on se met au lit, s'en aller à la mort!

(Il sort. — Depuis quelques instants, deux fossoyeurs sont entrés
et se sont mis à creuser une fosse.)

SCÈNE II.

LES DEUX FOSSOYEURS.

PREMIER FOSSOYEUR.

Peut-on en terre sainte enterrer sans blasphème
Celle qui fut chercher son salut d'elle-même!

DEUXIÈME FOSSOYEUR.

Le *coroner* l'a dit; toi, creuse en attendant.

PREMIER FOSSOYEUR.

Elle s'est donc noyée à son corps défendant?

DEUXIÈME FOSSOYEUR.

La loi l'a reconnu.

PREMIER FOSSOYEUR.

    La raison le réprouve.

DEUXIÈME FOSSOYEUR.

Tu crois au suicide?

PREMIER FOSSOYEUR.

    Et, de plus, je le prouve.
Se noyer est un acte, on le peut établir.

Or, l'acte a trois degrés : agir, faire, accomplir.
Ergo, c'est à dessein que se noya la belle.

DEUXIÈME FOSSOYEUR.

Mais, mon brave piocheur...

PREMIER FOSSOYEUR.

O la tête rebelle!
Permets. Voici l'eau, bien! voilà l'homme, très-bien!
Si l'homme va dans l'eau se noyer comme un chien,
C'est lui qui s'est noyé, mon cher, il a beau dire.
Mais si c'est l'eau qui vient chercher l'homme et l'attire,
Alors, il ne s'est pas noyé lui-même. *Ergo,*
Pour avancer sa mort, il faut, sans quiproquo,
Mettre un terme à sa vie.

DEUXIÈME FOSSOYEUR.

Eh! le mot du mystère,
C'est qu'elle est de noblesse, et sans honte on l'enterre
Dans un lieu consacré.

PREMIER FOSSOYEUR.

Tout est donc pour le rang!
Et l'on ne pourra pas, parce qu'on n'est pas grand,
Se pendre ou se noyer. On est chrétien, en somme!
Viens, ma pioche, c'est toi qui fais le gentilhomme,
Toi, l'arme et l'instrument d'Adam le laboureur.

DEUXIÈME FOSSOYEUR.

Un gentilhomme, Adam!

PREMIER FOSSOYEUR.

Le premier, sauf erreur,
Qui prit un nom de terre.

DEUXIÈME FOSSOYEUR.

Oh! voilà de l'étrange!

PREMIER FOSSOYEUR.

Païen! lis l'Écriture : Adam veut dire *fange*,
Son nom vient de la terre. — Une autre question.

DEUXIÈME FOSSOYEUR.

Laquelle?

PREMIER FOSSOYEUR.

Écoute bien. Quelle habitation
Dure plus qu'un vaisseau? qu'un palais?

DEUXIÈME FOSSOYEUR.

Beaux mystères!
Un gibet! il survit à mille locataires.

PREMIER FOSSOYEUR.

Je vois que le gibet te va.

DEUXIÈME FOSSOYEUR.

Sot animal!

PREMIER FOSSOYEUR.

Sans doute : le gibet est pour ceux qui font mal,
Et toi, tu faisais mal, et je m'en formalise,
En disant qu'un gibet dure plus qu'une église;
Donc le gibet te va. — Non, la solution
N'est pas ce que tu dis.

DEUXIÈME FOSSOYEUR.

Quelle habitation
Dure le plus longtemps?

PREMIER FOSSOYEUR.

Oui, trouve la réponse.

J'écoute.

DEUXIÈME FOSSOYEUR.

M'y voilà! c'est....

PREMIER FOSSOYEUR.

C'est?...

DEUXIÈME FOSSOYEUR.

Bah! j'y renonce!

PREMIER FOSSOYEUR.

Va! ne tourmente pas ton cerveau sans motif.
A quoi servent les coups lorsque l'âne est rétif?
Désormais, sans te perdre en une route fausse,
Dis : le plus sûr abri, c'est notre œuvre, — une fosse,
Le jugement dernier doit seul en voir la fin.
Et va-moi, là-dessus, chercher un coup de vin.

(Le deuxième fossoyeur sort. Hamlet et Horatio entrent.)

SCÈNE III.

HAMLET, HORATIO, LE FOSSOYEUR.

LE FOSSOYEUR, chantant.

Fou d'amour, d'ardeur féconde,
Je m'écriais à vingt ans :
Qu'on est à l'étroit au monde!
Qu'ils sont lents les pas du temps!

HAMLET.

A-t-il le sentiment de ce qu'il fait, ce drôle?
En creusant une fosse, il chante.

HORATIO.

Eh! oui, son rôle,
Mille fois répété, sur lui n'a plus d'effet.

HAMLET.

C'est vrai : la main oisive a le tact plus parfait.

LE FOSSOYEUR, chantant.

Mais, presque à mon insu, l'âge
Dans sa griffe m'emportait,
Et sur la sinistre plage
Tout à coup il me jetait.
(Il déterre un crâne.)

HAMLET.

Ce crâne eut une langue, et qui chantait de même.
On le roule à présent, sans qu'il crie au blasphème,
Tout comme si c'était l'occiput de Caïn.
Le crâne que du pied mène ce vil coquin
Appartenait peut-être à quelque politique
Qui jadis mena Dieu d'un doigt diplomatique.
N'est-ce pas fort possible?

HORATIO.

Oui, sans doute, seigneur.

HAMLET.

Ou bien c'était le chef d'un maître flagorneur,
D'un courtisan expert, à l'échine flexible,
Dont le front sans rougeur, aux dégoûts insensible,
Était toujours riant, pourvu que monseigneur
De lui pendre un cordon au cou lui fît l'honneur.
Qu'en dit mon philosophe?

HORATIO.

Eh! que cela peut être.

HAMLET.

Maintenant, monseigneur Ver de Terre est le maître
De ce museau rongé, pauvre débris railleur
Qu'avec un fer brutal caresse un fossoyeur.
Changement et leçon! Les jours, les mois, par mille
Formaient ces os... pourquoi? pour faire un jeu de quille.
Je sens, en y songeant, frémir mes os, à moi!

LE FOSSOYEUR, *chantant.*

Et maintenant une bière,
Un linceul épais et chaud,
Un trou que cache une pierre,
Voilà tout ce qu'il me faut.

(Il déterre un autre crâne.)

HAMLET.

Un crâne encor : serait-ce à quelque homme de loi ?
Et pourquoi pas ? Où sont maintenant ses finesses,
Ses clauses, ses détours et ses délicatesses ?
Avec un outil sale il se laisse cogner
Par un affreux butor sans le faire assigner,
Tant il est pacifique ! — Hélas ! on le déterre,
Et peut-être c'était un gros propriétaire,
Avec titres, garants, droits, cautionnements,
Hypothèques... La fin de ses accroissements
Et de ses sûretés, c'est d'avoir, en échange
D'un bel et bon cerveau, de belle et bonne fange.

(Au fossoyeur.)

Combien peut-on rester en terre sans pourrir ?

LE FOSSOYEUR.

Si l'on n'est pas pourri, dame ! avant de mourir...
— Nos carcasses, monsieur, sont parfois gangrenées ! —
Un corps peut vous durer de trois à neuf années.
Par exemple, un tanneur se conserve neuf ans.

HAMLET.

Un tanneur ? et pourquoi dure-t-il plus longtemps ?

LE FOSSOYEUR.

Sa peau, par son travail rendue imperméable,
Ne prend pas l'eau du tout, et rien n'est détestable
Comme l'eau, voyez-vous, pour nos maudits corps morts.
Ce crâne, qu'en bêchant, tenez, j'ai mis dehors,
Est là depuis vingt ans et plus.

NEUVIÈME PARTIE.

HAMLET.

A qui ce crâne?

LE FOSSOYEUR.

Devinez : au plus fou des fous!

HAMLET.

Que Dieu me damne,
Si je puis deviner!

LE FOSSOYEUR.

L'extravagant maudit!
Sur ma tête, monsieur, un jour, il répandit
Tout un flacon de vin du Rhin. C'est la caboche
D'Yorick, fou du roi, qui joue avec ma pioche.

HAMLET, *ramassant le crâne.*

Cela?

LE FOSSOYEUR.

Certainement.

HAMLET.

Pauvre Yorick! hélas!
Je l'ai connu ; rieur, toujours prêt, jamais las.
Un esprit si fertile! une verve si drôle!
Il m'a plus de cent fois porté sur son épaule,
Et sa vue à présent me fait bondir le cœur.
Où donc est cette lèvre au sourire moqueur
Que j'ai cent fois baisée? Où sont vos railleries,
Vos chansons, vos éclairs et vos espiègleries,
Qui faisaient d'un festin un délire entraînant?
Eh quoi! pas un lazzi pour railler maintenant
Votre affreuse grimace? Eh quoi! lèvres ni joue,
Plus rien! — Pauvre Yorick! va faire ainsi ta moue
Au miroir d'une belle, et, là, dis-lui tout bas
Qu'elle aura beau farder et doubler ses appas,
Le temps au jour fixé réclamera sa dette :

Le fard couvre la chair, et la chair un squelette!
(A Horatio.)
— Çà! crois-tu qu'Alexandre ait eu cet air boudeur,
Dans son tombeau?

HORATIO.

Mais oui!

HAMLET, posant le crâne.

Pouah! et cette odeur?

HORATIO.

La même absolument!

HAMLET.

A quelle fin grossière
Nous pouvons arriver! En suivant la poussière
D'Alexandre le Grand en chaque état, — bientôt,
On peut la trouver cruche à la main d'un rustaud.

HORATIO.

C'est trop subtilement envisager les choses.

HAMLET.

Mais non, rien que de simple en ces métamorphoses,
Rien qu'on puisse nier. Tiens : Alexandre est mort;
On le met au tombeau; — là, tous en sont d'accord,
Il redevient poussière; — et sa cendre est de terre,
Et la terre est argile, — et, sans plus de mystère,
De l'argile qui fut Alexandre le Grand
Un potier peut bien faire un pot, au demeurant!
L'impérial César, mort, redevenu boue,
Peut remplir une fente où la bise se joue,
Et l'argile qui tint en suspens l'univers
Va plâtrer un vieux mur rongé par les hivers.

SCÈNE IV.

Les Mêmes, LE ROI, LA REINE, LAERTE, UN PRÊTRE, Seigneurs, suivant processionnellement un convoi.

HAMLET.

Mais silence! le roi! tous les seigneurs! la reine!
Quel convoi suivent-ils? Celui que l'on amène
D'une main violente a mis fin à ses jours;
Car point de croix, vois-tu? C'est un noble toujours!
Observons. (Ils se tiennent à l'écart.)

LAERTE, au moine.

N'est-il plus d'autres cérémonies,
Dites?

HAMLET, avec effroi.

Laerte!

LE PRÊTRE.

Non.

LAERTE.

Quoi! toutes sont finies?

LE PRÊTRE.

Nous ne pouvons rien faire au delà, monseigneur.
Sa mort était suspecte et c'est assez d'honneur.
Car, vous voyez, elle a la couronne des vierges,
Les cloches de l'église, et les fleurs et les cierges.

LAERTE.

Ne peut-on rien de plus?

LE PRÊTRE.

Ce serait profaner
Le service des morts, monsieur, que d'entonner
Un pieux *Requiem* et d'implorer pour elle
Le repos, qui n'est fait que pour l'âme fidèle.

LAERTE.

Soit! je confie alors, dans ce suprême adieu,
Son beau corps à la terre et sa belle âme à Dieu,
Pour qu'ils fassent, cléments en leurs métamorphoses,
Avec cette âme un ange, avec ce corps des roses.
Ophélie! au revoir dans des mondes meilleurs!

HAMLET, cachant sa tête sur la poitrine d'Horatio.

Grand Dieu! c'est Ophélie!

LA REINE, jetant des fleurs sur le cercueil.

O fleur, reçois ces fleurs.
Déjà je te voyais ma fille bien-aimée,
Déjà j'ornais de fleurs votre couche embaumée,
Et je ne donne, hélas! de fleurs qu'à ton cercueil!
Adieu, pauvre Ophélie!

LAERTE.

Oh! tombe un trip e deuil
Sur le lâche assassin qui causa ta folie!
Attendez. Un dernier baiser, mon Ophélie!

(Il descend dans la fosse).

Maintenant enterrez la morte et le vivant,
Jusqu'à ce que la tombe aux astres s'élevant
Dépasse Pélion et l'Olympe bleuâtre.

HAMLET, s'avançant.

Quel est celui de qui la douleur de théâtre
Voudrait, souffrant devant un parterre de dieux,
Éteindre de ses pleurs les étoiles des cieux?
C'est moi qui suis Hamlet.

LAERTE, tirant son épée.

Que l'enfer ait ton âme!

HAMLET.

La prière est impie. Au fourreau cette lame!

NEUVIÈME PARTIE.

Et bas les mains, monsieur! Je suis paisible et doux,
Mais il est plus prudent de prendre garde à vous.

LA REINE.

Hamlet! Hamlet!

TOUS.

Messieurs!

HORATIO.

Seigneur!

LE ROI.

Qu'on s'interpose!

HAMLET.

Voulez-vous donc lutter tous deux pour cette cause,
Jusqu'à ce que nos yeux soient fermés à jamais?

LA REINE.

Pour quelle cause, ami?

HAMLET.

Pour elle! — je l'aimais!
Et j'égale en amour quarante mille frères.

LA REINE.

Hamlet! mon cher Hamlet! pas d'éclats téméraires!
— Il est fou, cher Laerte, épargnez-le, pour Dieu!

HAMLET.

Dis, que ferais-tu donc pour elle? dis un peu!
Gémir comme un enfant? pleurer comme une femme?
Eh! bien, c'est la douleur qu'on retrouve en toute âme.
Combattre sur sa tombe aux yeux des spectateurs?
Ainsi feraient des fous ou des gladiateurs.
N'importe! le veux-tu? ma douleur est trop fière,
Pour laisser ta douleur d'un seul pas en arrière.
Ou n'est-ce point assez? et vas-tu, me bravant,
M'offrir de t'enterrer avec elle vivant?

Soit ; j'y consens encor. Tu parles de montagnes?
Qu'on entasse sur nous collines et campagnes,
Par millions d'arpents, jusqu'à ce que le tas,
A la zone torride étendant son amas,
Fasse le mont Ossa petit comme un atome.
Ordonne, j'obéis ! parle, et je suis ton homme !

LA REINE, à Laerte.

Laissez passer l'accès, et vous allez le voir
Reprendre la douceur morne du désespoir
Et ce rêve attristé que rien ne peut distraire.

HAMLET, à Laerte, après un silence.

Pourquoi m'en voulez-vous ? je vous aimais, mon frère.

LA REINE.

Horatio, suivez, de grâce, tous ses pas.
(Hamlet s'agenouille un instant devant la tombe, et sort emmené par Horatio.)

LE ROI, bas à Laerte.

Souvenez-vous d'hier, et ne vous troublez pas.
Allons ! du calme, ami ! Bientôt sur cette tombe
Nous pourrons apporter une humaine hécatombe.

DIXIÈME PARTIE

La salle de la cinquième Partie. — Le théâtre
a été enlevé.

SCÈNE PREMIÈRE.

HAMLET, HORATIO, GUILDENSTERN.

HAMLET, entrant.

Bonjour, Horatio. Monsieur, je suis tout vôtre.
Mes amis, donnez-moi votre main l'un et l'autre.

GUILDENSTERN.

Si votre Seigneurie en avait le loisir,
J'aurais à l'informer, Altesse, d'un désir
De sa Majesté.

HAMLET.

Bien ! ma Seigneurie est prête.
On a fait ce chapeau pour vous couvrir la tête,
Monsieur.

GUILDENSTERN.

Non : cela m'est plus commode, en honneur !
— Laerte est récemment de retour, monseigneur.
Ah ! c'est un gentilhomme étonnant, admirable,
De langage charmant, et de mine adorable.
A le considérer enfin sous un vrai jour,
On peut dire qu'il est le phénix de la cour.

HAMLET.

Oui, ce signalement, monsieur, est authentique,
Au point que la mémoire avec l'arithmétique
Se brouillerait bientôt à compter ses vertus;
Car c'est un cavalier comme l'on n'en voit plus,
Un esprit rare, étrange, unique, inimitable,
Et dont son miroir seul peut offrir le semblable.

GUILDENSTERN.

Comme vous l'exaltez avec conviction!

HAMLET.

Je l'embaume, avec vous, dans l'admiration.
Mais arrivons au fait dont les mots sont l'écorce.

GUILDENSTERN.

Depuis longtemps, seigneur, vous connaissez sa force...
Je parle de sa force aux armes seulement;
Où nul ne le dépasse, incontestablement.
Or, le roi contre lui gage six juments noires,
Et lui douze poignards avec leurs accessoires,
Ceinturons, baudriers, douze poignards français...

HAMLET.

Et l'objet du pari?

GUILDENSTERN.

    Mais vos communs succès.
Le roi, sur douze coups, a soutenu que certe
Vous ne seriez touché que trois fois, et Laerte
Gage pour neuf sur douze. Et, si vous répondez,
Leurs débats sur-le-champ pourront être vidés.

HAMLET.

Un assaut! quand sa sœur hier à peine succombe!
Les anciens célébraient leurs jeux sur une tombe,
C'est vrai. Puisqu'aujourd'hui ce désir est le sien,
Faisons comme on faisait, monsieur, au temps ancien.

GUILDENSTERN.

Vous y consentez donc, prince?

HAMLET.

Je suis bon diable,
Et veux tout ce qu'on veut. — O frère inconsolable!
Ton immortel chagrin est mort depuis hier.
Dans cette galerie où je viens prendre l'air
Apportez les fleurets, et, si le roi s'y prête,
Si Laerte persiste encore et le souhaite,
Nous ferons nos efforts pour qu'il perde avec nous;
Sinon, nous en serons pour la honte et les coups.

GUILDENSTERN.

C'est là votre réponse?

HAMLET.

Oui, pour le sens utile.
Vous pourrez l'embellir des fleurs de votre style.

GUILDENSTERN.

Leurs Majestés vont donc venir sous peu d'instants,
Avec tous nos seigneurs.

HAMLET.

Fort bien! je les attends.

GUILDENSTERN.

Mon prince, avant l'assaut, la reine vous supplie
De tendre au moins la main au frère d'Ophélie.

HAMLET.

De grand cœur! je ne garde aucun ressentiment
Contre Laerte. Allez.

GUILDENSTERN, s'inclinant.

Seigneur, mon dévouement...

(Il sort.)

SCÈNE II.

HAMLET, HORATIO.

HORATIO.

Mon prince, vous perdrez ce pari.

HAMLET.

Non, je pense.
Je me suis exercé pendant sa longue absence,
Il me fait avantage, et je serai vainqueur...
— Oh! mais si tu savais quel poids j'ai sur le cœur!
Bah! qu'importe?

HORATIO.

Pourtant...

HAMLET.

Rien : caprice de l'âme!
Pressentiments d'enfant à troubler une femme!

HORATIO.

Obéissez, cher prince, à ce trouble secret,
Je vais leur annoncer que vous n'êtes pas prêt.

HAMLET.

Non, je suis prêt pour tout, — et même pour la tombe.
Il faut l'arrêt de Dieu pour qu'un passereau tombe.
Il viendra tôt ou tard mon grand jour inconnu,
Et, s'il n'est à venir, c'est donc qu'il est venu.
Demain, ce soir, que fait l'heure où l'on abandonne
L'avenir — qu'on n'a pas, que jamais Dieu ne donne?
Être prêt, tout est là! Marchons notre chemin.

SCÈNE III.

Les Mêmes, LE ROI, LA REINE, LAERTE, GUILDENSTERN, ROSENCRANTZ, Seigneurs.

LE ROI, mettant la main de Laerte dans celle d'Hamlet.

Venez, Hamlet, venez, et prenez cette main.

HAMLET, à Laerte.

Pardonnez-moi, monsieur. L'offense faite à l'homme
J'en demande pardon, Laerte, au gentilhomme.
Vous savez, ma raison souffre cruellement,
Et ce n'était pas moi, mais cet égarement,
Plus ennemi d'Hamlet que de Laerte même,
Qui blessait votre honneur, bon compagnon que j'aime.
Ainsi je vous demande excuse devant tous,
Et ne serais pas plus innocent, voyez-vous,
Si, lançant au hasard des traits, pour me distraire,
Par-dessus quelque mur, j'avais blessé mon frère.

LAERTE.

Vous venez d'apaiser mon âme, monseigneur.
Mais puis-je regarder comme intact mon honneur,
Et serrer cette main, si chère à tant de titres?
C'est ce que jugeront, s'il vous plait, des arbitres.
Jusque-là toutefois, satisfait à moitié,
Je reçois en ami vos efforts d'amitié.

HAMLET.

Oh! j'en suis bien heureux. Plus de débats contraires!
Et commençons la joute en bons et loyaux frères.

LAERTE.

Les fleurets?

HAMLET.

Je ne puis qu'être votre plastron,
Et vais, à vos succès ajoutant un fleuron,
Vous servir seulement de repoussoir et d'ombre.
L'étoile a plus d'éclat quand la nuit est plus sombre!

LAERTE.

Vous me raillez?

HAMLET.

Non pas.

LE ROI.

Guildenstern, les fleurets.

(A Hamlet.)
Vous savez la gageure?

HAMLET.

Et j'ai mille regrets.
De vous la faire perdre.

LE ROI.

Oh! je suis sans alarmes!
Je vous ai vus tous deux, messieurs, faire des armes.
Il est plus exercé, mais il vous rend des points.

LAERTE, choisissant un fleuret.

Ce fleuret est trop lourd; bon! celui-ci l'est moins.

HAMLET, choisissant à son tour.

Sont-ils tous de longueur?

GUILDENSTERN.

Oui, tous.

HAMLET.

J'ai mon affaire.

LE ROI.

Les flacons. Si mon fils touche son adversaire
Dans les trois premiers coups, faites pour le fêter
Tirer tous les canons, et je prétends jeter
Dans ma coupe en buvant la perle la plus belle
Dont un roi puisse orner sa couronne nouvelle.
Et clairons au palais, canons sur les remparts,
Échos au ciel, que tout dise de toutes parts :
Le roi boit à son fils ! — La reine vous regarde,
Allez, messieurs.

(Le roi et la reine ont pris place.)

HAMLET.

Laerte, en garde.

LAERTE.

Hamlet, en garde.

(Ils commencent l'assaut.)

HAMLET.

Touché !

LAERTE.

Non.

HAMLET, aux assistants.

Décidez,

ROSENCRANTZ.

Touché, certainement !

(Fanfare et salve de canons.)

LAERTE.

Allons ! recommençons.

LE ROI.

Cher Hamlet, un moment.

Je bois à toi.
(Il boit et jette le poison dans la coupe.)
Voici ta perle. Qu'on lui passe
La coupe.

HAMLET, *au serviteur qui lui apporte la coupe.*

Non : je veux achever cette passe.
Mettez la coupe là.
(Assaut. Il touche Laerte.)
Touché! qu'en dites-vous?

LAERTE.

Oui, touché, j'en conviens.

LE ROI.

La fortune est pour nous.
(Fanfare et salve.)

LA REINE, *descendant du trône et prenant la coupe empoisonnée.*

Hamlet, ta mère boit à ton succès.

HAMLET.

Madame,
Trop bonne!...

LE ROI, *bas à la reine.*

Ne bois pas, Gertrude, sur ton âme!

LA REINE.

Quoi! je ne boirais pas à mon fils, par hasard!
Pourquoi?
(Elle boit.)

LE ROI, *bas à Laerte.*

C'est le poison. Dieu juste! il est trop tard!

LA REINE, *offrant la coupe à Hamlet.*

Hamlet! à toi!

DIXIÈME PARTIE.

HAMLET.

Merci, madame : tout à l'heure.

LAERTE, bas au roi.

Oh! je vais le toucher cette fois.

LE ROI, bas à Laerte.

Oui! qu'il meure!

LAERTE, à part.

Pourtant, je le sens là, c'est un crime, mon Dieu!

HAMLET.

A la troisième, ami, jouez tout votre jeu;
Car votre habileté, j'en ai peur, me regarde
En enfant, et m'épargne.

LAERTE.

Ah! vous raillez! En garde!
(Assaut. Laerte touche Hamlet.)

HAMLET, blessé.

Oh! pour le coup!...
(Il regarde avec surprise sa main qui saigne, et, saisi de colère)
Allons!
(Ils reprennent. Hamlet lie le fleuret de Laerte et le lui fait sauter des mains, puis, au moment où Laerte va le ramasser, il lui présente le sien.)

LAERTE, avec épouvante.

Ah!... Vous m'offrez, je crois,
Votre fleuret?

HAMLET, avec un sourire courtois et railleur.

Sans doute, eh bien?

LAERTE, à part, prenant le fleuret d'Hamlet.

C'est fait de moi!
(Nouvel assaut avec les épées échangées.)

HAMLET.

Touché!

LAERTE.

Mort!

LE ROI.

Arrêtez le combat! c'est à peine
S'ils se possèdent!

HAMLET.

Non, encore!

(La reine tombe en défaillance.)

ROSENCRANTZ.

O ciel! la reine!

HORATIO, courant à Hamlet.

Leur sang coule.

HAMLET.

Oh! ma mère! il la faut secourir.

GUILDENSTERN.

Qu'as-tu, Laerte?

LAERTE, chancelant.

J'ai — que nous allons mourir,
Que je suis à la fois assassin et victime,
Pris à mon propre piége.

HAMLET, penché sur la reine.

Oh! ma mère! est-ce un crime?

LE ROI.

Non, en voyant le sang couler...

LA REINE.

Non, trahison!
La coupe, cher Hamlet! la coupe... du poison!

HAMLET.

Infamie ! oh ! fermez les portes tout de suite,
Et trouvons le coupable.

LAERTE.

Il n'est pas loin. Viens vite.
La reine a bu la mort, rien ne peut la sauver,
Hamlet! tu ne dois pas, non plus, te relever;
Vengeur puni, ma vie aussi est condamnée.
Et l'arme — est dans tes mains, regarde, empoisonnée,
Et le bourreau — se meurt à tes genoux, c'est moi,
Mais le triple assassin, — le voilà! c'est le roi !

HAMLET.

J'ai l'arme empoisonnée? alors, poison, à l'œuvre !
 (Il s'élance sur le roi et le frappe.)

ROSENCRANTZ et GUILDENSTERN.

Trahison !

LE ROI, blessé.

Ah !

HAMLET, redoublant.

Meurs donc de ton venin, couleuvre!

LE ROI.

Je ne suis que blessé, mes amis ! au secours !

HAMLET, le forçant à boire à la coupe.

Inceste et meurtrier, vide ceci, toujours!
Bois, maudit ! trouves-tu ta perle? — Suis ma mère.
 (Le roi meurt.)

LAERTE.

Justice est faite! — Hamlet, tu m'as tué mon père,
Et nous allons mourir, toi par moi, moi par toi;
Je te pardonne, Hamlet; Hamlet, pardonne-moi!
 (Il meurt.)

HAMLET.

Sois absous. Je te suis.

(A la reine.)
— Au revoir, pauvre femme ! —
Vous, témoins pâlissants et muets de ce drame,
Si j'en avais le temps, je vous dirais qu'Hamlet...
— Mais la mort, dur huissier, m'appréhende au collet...
Je meurs... Horatio, tu vis, plaide ma cause.

HORATIO.

Vivre! dans cette coupe il reste quelque chose.
Vivre! je ne suis plus Danois, je suis Romain.

HAMLET.

Eh! si tu meurs ce soir, qui m'absoudra demain?
Non! puisque à mon honneur ta vie est nécessaire,
Reste encor dans cet air imprégné de misère...

(Fanfare au dehors.)
— Qu'est ce bruit?

HORATIO.

Fortinbras arrive en conquérant.

HAMLET.

Je le consacre donc de ma voix de mourant.
Nommez-le votre roi, du droit de sa vaillance.
Dites-lui quel destin... Le reste... est... le silence!

(Il meurt.)

HORATIO.

Un grand cœur brisé!

(Lui fermant les yeux.)
Dors, doux prince, doux ami,
Et que les chants du ciel te bercent endormi!

SCÈNE IV.

Les Mêmes, FORTINBRAS, avec une suite guerrière.

FORTINBRAS.

O spectacle sanglant! effrayante curée!
Quel festin donnes-tu chez toi, Mort exécrée,
Qu'il t'ait fallu d'un coup abattre tant de rois? —
J'accepte avec douleur ma chance; mais les droits
Que j'ai sur cet État valent qu'on s'en souvienne.

HORATIO.

Oh! vous avez la voix qui vous fait roi, — la sienne.

FORTINBRAS, à ses capitaines.

Portez sur le pavois Hamlet comme un vainqueur.
(On élève le corps d'Hamlet sur des boucliers. Fortinbras prend la couronne au front de Claudius et la pose sur la tête d'Hamlet.)
L'honneur royal à lui, plus que roi par le cœur!

FIN D'HAMLET.

FALSTAFF

(TIRÉ DE HENRI IV)

En collaboration avec Auguste Vacquerie.

THÉATRE DE L'ODÉON. — 2 OCTOBRE 1842

Les épisodes du *Henri IV* qui suivent ne sont pas la pièce en trois actes qui a été représentée en 1842 à l'Odéon ; ils en ont été les éléments et les matériaux, et sont d'ailleurs beaucoup plus conformes au texte de Shakespeare. C'est à *Falstaff* que peut s'appliquer surtout le titre *Étude* mis en tête de ce volume. Ceci, en effet, est une étude plutôt qu'une copie, une étude assez semblable à celles que font les peintres quand ils détachent de quelque grand cadre, comme les *Noces de Cana* de Véronèse ou le *Jugement dernier* de Michel-Ange, un groupe ou une figure. Nous avons pris ainsi dans la vaste épopée dramatique de Henri IV et essayé de fixer à part la large face de Falstaff et, à côté, le fier profil du prince Henri. De la représentation de l'Odéon il ne reste intact ici que l'étincelant prologue de Théophile Gautier.

PROLOGUE

DE THÉOPHILE GAUTIER

DIT PAR LOUIS MONROSE.

Beau sexe, sexe laid, jeunesse, et vous, vieillesse,
Ne sifflez pas encor, je ne suis pas la pièce ;
Gardez, pour en cribler les endroits incongrus,
Votre provision d'œufs durs et de fruits crus :
Sous cet accoutrement de satin blanc et rose,
Tel que vous me voyez, je suis *Louis Monrose*.
Pour le présent *Prologue :* une position
A ne pas exciter la moindre ambition !
Tout à l'heure, changeant de costume et de rôle,
Je représenterai John Falstaff, un fier drôle !
Mes compagnons sont là, derrière le rideau,

Un tas de chenapans qui n'ont jamais bu d'eau ;
Tout prêts, tout habillés, fardés jusqu'aux oreilles,
Mais pâlissant de peur sous leurs teintes vermeilles ;
Car chacun sait que l'autre est un affreux gredin
Que l'on a dédaigné de pendre par dédain.
Tous les vices en fleur bourgeonnent sur leurs trognes;
Ils sont un peu filous, énormément ivrognes,
Très-poltrons, très-hâbleurs, à cela près charmants.
Mais que vous semblera de pareils garnements,
Hommes de ce temps-ci, vous, spectateurs honnêtes,
Qui rentrez de bonne heure et qui payez vos dettes ?
Pour dérider le spleen l'humour hasarde tout.
Anglais, de leur terroir ils ont gardé le goût,
Et, sans être gênés par les rimes françaises,
Les coudes sur la table ils vont prendre leurs aises.
Vous les excuserez s'ils ne sont pas parfaits.
Après tout, c'est ainsi que Shakspear les a faits,
Que les a vus passer sa haute fantaisie,
Dorés par un reflet de vin de Malvoisie.
Du fond de la taverne où rêveur il songeait,
De son vaste cerveau m'élançant d'un seul jet,
J'apparus tout à coup, riant, vermeil, énorme,
Et le Bacchus du Nord s'incarna sous ma forme.
La pourpre de mon sang est faite de vin pur ;
Sur un pied chancelant je porte un esprit sûr,
Et ma gaîté pétille, ainsi qu'au bord du verre
En globules d'argent une mousse légère;
Car tout ce que je bois se résout en esprit,
Et la triste Albion par mes lèvres sourit ;
La bonne humeur du prince à la mienne s'allume,
Ma verve est le soleil de toute cette brume,
Et mon ivresse ardente, où chaque mot reluit,
Tire un feu d'artifice au milieu de leur nuit.

C'est fort bien, John Falstaff; mais que dit la morale?
Une telle conduite est un affreux scandale !
Public, rassure-toi : toujours au dénoûment
Pour des gueux comme nous paraît le châtiment ;
Attends-le sans colère, et souffre que je rentre
Pour me rougir le nez et mettre mon faux ventre.

PERSONNAGES.

FALSTAFF.
LE ROI HENRI IV.
HENRI, PRINCE DE GALLES. ⎫
LE PRINCE JEAN. ⎬ fils du roi.
GLOCESTER. ⎪
CLARENCE. ⎭
WARWICK.
WESTMORELAND.
GOWER.
HOTSPUR.
COLEVILLE.
LE GRAND-JUGE.
LE SHÉRIF.
POINS. ⎫
BARDOLPH. ⎬ compagnons de Falstaff.
PETO. ⎪
GADSHILL. ⎭
SHALLOW. ⎫
SILENCE. ⎬ juges de campagne.
QUICKLY, hôtelière.

PREMIÈRE PARTIE

La Grand'route.

Un carrefour de la forêt de Gadshill.

SCÈNE PREMIÈRE.

Entrent LE PRINCE HENRI et FALSTAFF.

FALSTAFF.

Hal, cher prince, as-tu bien attaché les chevaux?

LE PRINCE HENRI.

Oui, gros Jack.

FALSTAFF, s'asseyant sur un quartier de roc.

Ouf! quand donc finiront nos travaux?
Le triste état! porter sur soi sa bourse vide,
Sentir en soi béant et creux un gouffre avide,
Entendre autour de soi cent dettes criailler!
C'est à devenir fou, cher royal écolier.
Ah! quand seras-tu roi?

LE PRINCE HENRI.

Pas de sitôt, j'espère.
Que Dieu veuille accorder de longs jours à mon père!

FALSTAFF.

Oui, mais, en attendant, ce Poins n'arrive pas!
Il m'a tant réjoui, quand il m'a dit tout bas :
« Rendez-vous avec Hal à Gadshill, à la brune. »
Gadshill, où nous venons adorer la Fortune!

« Venez, je vous promets un bon tour et de l'or. »
Vite, nous accourons. — Nous attendons encor! —
Nous n'avons plus pourtant que quatre jours de joie.
Ensuite, il faut partir. La guerre veut sa proie,
La guerre nous attend! c'est là qu'il faut du cœur!
A ta place, Henri, j'aurais diantrement peur!
Car à toi, l'héritier présomptif d'Angleterre,
On n'aurait pu trouver, je pense, sur la terre
Trois autres ennemis plus chéris de l'enfer
Que ce terrible Hotspur, Douglas et Glendower.
Oui, certe, il est affreux, l'abîme où tu m'entraînes!
Et tu sens, n'est-ce pas, un frisson dans tes veines?

LE PRINCE HENRI.

Non, pardieu! le Grand-Juge a pu, sans grands débats,
M'expulser des conseils, mais non pas des combats.
Hotspur! Hotspur! j'aurai ta gloire ou bien la tombe!

FALSTAFF.

Bon! te voilà rêveur comme la nuit qui tombe :
Tu penses au Grand-Juge, à ses airs solennels?
Oh! j'ai contre lui, moi, des griefs personnels.
Plus tard, dans ton palais trouvant un sûr refuge,
Quel plaisir de juger à son tour ce grand juge!

LE PRINCE HENRI, riant.

Il figure pour toi la vertu, n'est-ce pas?

FALSTAFF, riant.

Et pour moi la vertu c'est le remords, hélas!
Mais, allons, tu reprends ta gaîté qui m'est chère.

LE PRINCE HENRI.

Je le crois bien, Falstaff, tu parlais de la guerre!

FALSTAFF.

La guerre, oui, plaie et bosse, embuscade et péril!
Tiens, parlons d'autre chose, Hal.

LE PRINCE HENRI.

        Combien voilà-t-il
De temps que tu n'as vu tes genoux?

FALSTAFF.

          Par ma dague!
A ton âge, j'aurais passé dans une bague.
J'étais maigre et fluet. Mais que ne peuvent pas,
Mon cher Hal, les soupirs et les sanglots? Hélas!
Ils vous gonflent un homme ainsi qu'une vessie.
  (La lune se lève.)
La lune qui paraît, tiens! — Je te remercie,
Lune. Nous, les coupeurs de bourse, travaillons
A tes douces clartés et jamais aux rayons
Du soleil.
  (A Henri.)
    Sous ton règne, interdis bien, jeune homme,
Que nous, gardes du corps de la nuit, on nous nomme
Voleurs, bandits, filous, fi donc! nous forestiers
De Diane, mignons de l'ombre, chevaliers
Du croissant! Il faudra forcer ton peuple à dire
Que nous sommes pareils à l'océan qu'attire
La clarté de la lune : elle luit, — nous volons!
Eh! notre sort changeant, oripeaux ou haillons,
A son reflux aussi, comme la vague amère.
— L'hôtesse est, n'est-ce pas, une bonne commère?

LE PRINCE HENRI.

Douce comme le miel d'Hybla, vieux garnement!
— N'est-ce pas qu'un archer est un homme charmant?

FALSTAFF.

Mauvais plaisant! tu sais, drôle, où le bât me blesse.
Qu'ai-je affaire d'archer?

LE PRINCE HENRI.

      Qu'ai-je affaire d'hôtesse?

9.

FALSTAFF.

Ouais ! tu la fis venir bien des fois pour compter !

LE PRINCE HENRI.

As-tu payé ta part?

FALSTAFF.

Jamais, par le Pater !
Là, tu payais toujours. Je te rends bien justice.

LE PRINCE HENRI.

Là? partout ! mon crédit est mort à ton service.

FALSTAFF.

Hélas ! et si bien mort, cher loustic, en effet,
Que, si tu n'étais pas prince royal, de fait...
Mais, dis-moi, sous ton règne, ô le prince des princes,
Verra-t-on les gibets attrister nos provinces?
La vieille radoteuse au frein rouillé, la Loi,
Effraiera-t-elle encor les braves tels que moi?
Mon enfant, ne pends pas les voleurs, je t'en prie.

LE PRINCE HENRI.

Ce sera toi.

FALSTAFF.

Qui? moi, juge ! Eh bien, je parie
Que je juge à ravir.

LE PRINCE HENRI.

Tu juges déjà mal.
Tu seras le bourreau, non le juge, animal !

FALSTAFF, d'abord avec colère, mais s'adoucissant sur un geste menaçant de Henri.

Tais-toi, maudit... railleur charmant ! je t'en supplie.
J'ai le cœur tout chagrin. C'est assez de folie !

(Mélancolique.)

Henri, mon cher Henri, pourquoi ne peut-on pas
Acheter à prix d'or la renommée, hélas !

Un vieux lord du conseil, l'autre jour, dans la rue,
M'achapitré sur vous d'une façon congrue.
Je n'ai pas fait, pendant qu'il nous exorcisait,
La moindre attention aux choses qu'il disait.
Il lâcha cependant plus d'un précepte sage,
Et qui vous aurait mis la rougeur au visage
Si vous eussiez été près de moi dans l'instant.
Mais je n'y faisais pas attention. Pourtant,
Il parlait sensément, et dans la rue encore!

LE PRINCE HENRI.

Le sage est dans la foule et la foule l'ignore!

FALSTAFF, avec indignation.

Travestir l'Écriture, Henri! quoi! sans remord!
Tu corromprais un saint: oh! tu m'as fait un tort!
Que Dieu te le pardonne! Avant de te connaître,
J'étais, pour la candeur, l'enfant qui vient de naître.
Et maintenant, jeté parmi les tapageurs,
Je ne vaux guère mieux que le gros des pécheurs.
Je dois, je veux quitter cette vie exécrable.
Si j'y manque, tiens-moi pour un grand misérable.
Oui, tous les fils de roi, près du courroux de Dieu...

LE PRINCE HENRI.

Nous allons donc ce soir dévaliser un peu?

FALSTAFF, vivement.

Quand tu voudras, garçon. J'en suis, prince adorable.
Si je n'en suis, tiens-moi pour un grand misérable.

SCÈNE II.

LES MÊMES, POINS, qui reste d'abord dans le fond.

LE PRINCE HENRI.

Passer de la prière au vol! perdition!

FALSTAFF.

Que veux-tu, cher ami, c'est ma vocation,
Et ce n'est pas pécher que suivre sa nature.
(Apercevant Poins.)
Poins ! enfin, il arrive avec son aventure.

LE PRINCE HENRI, à Poins.

Bonjour, Ned.

POINS.

Hal, bonjour.
(A Falstaff.)
Monsieur de la Vertu,
Bonjour, John Sac-à-Vin. Eh bien, t'arranges-tu
Mon cher, avec Satan au sujet de ton âme,
Que, ce vendredi saint, tu lui vendis, infâme,
Pour un verre de sec et le quart d'un jambon !

LE PRINCE HENRI.

Jack, en homme d'honneur, tient le marché pour bon.
Jack n'est pas un vendeur qui chicane et qui vole.
Le diable aura son dû.

POINS.

Mais, pour tenir parole
A son noir créancier, le voilà donc damné !

LE PRINCE HENRI.

Eh ! le serait-il moins pour l'avoir friponné ?

POINS.

Maintenant voulez-vous de l'argent plein vos poches,
De l'argent par monceaux, de l'argent par sacoches ?

FALSTAFF, avec enthousiasme.

Cher sauveur !

POINS.

Écoutez.

FALSTAFF.

Tu ne nous trompes pas?

POINS.

Fi! Bardolph et Gadshill arrivent sur mes pas.
Deux marchands cousus d'or,—l'affaire est alléchante!—
Deux malingreux vieillards de mine peu méchante,
Vont passer par ici, mes fils, dans un moment.
Nous en viendrons à bout, vous pensez, aisément.
Peto les guette. Eh bien, êtes-vous de l'esclandre?

FALSTAFF, transporté.

Si je n'en suis, je veux... je veux te faire pendre.

POINS.

En vérité, Rosbif?

FALSTAFF, au prince.

Tu nous aideras?

LE PRINCE HENRI.

Moi!
Voler! me prends-tu donc pour un gueux comme toi?
Je vous regarderai, mais c'est tout.

FALSTAFF.

Il m'assomme!
Tiens, Henri, tu n'as rien en toi d'un gentilhomme,
D'un brave, d'un ami! tu n'es pas fils de roi,
Et je conspirerai, sois-en sûr, contre toi!

LE PRINCE HENRI.

Peste! c'est effrayant!

POINS à Falstaff.

John, il sera des nôtres.
Laisse-nous seuls un peu. Vas au-devant des autres.
Va, je le convaincrai. Laisse-nous.

FALSTAFF.

Il suffit.
Puisses-tu le toucher par l'appât du profit!
Dieu veuille que l'ardeur qui t'anime et t'inspire
D'un prince pour de bon fasse un voleur pour rire
Et nous rende une fois impunis avec lui :
Car les pauvres abus ont bien besoin d'appui!

(Sort Falstaff.)

SCÈNE III.

LE PRINCE HENRI, POINS.

POINS.

Maintenant, monseigneur, vite, prenez ce masque.

LE PRINCE HENRI, étonné.

Ce masque?

POINS.

Vous rirez! le tour le plus fantasque!
Nous allons laisser Jack, avec ses trois filous,
Attaquer et piller les voyageurs sans nous,
Et puis, dès qu'il aura volé la grosse somme,
Nous lui tombons dessus et volons le gros homme.

LE PRINCE HENRI.

S'il nous voit?

POINS.

Et la nuit!

LE PRINCE HENRI, riant.

S'il nous bat?

POINS.

Et la peur!

LE PRINCE HENRI.

Mais comment les quitter?

POINS.

J'en réponds, cher seigneur.
Dites oui, seulement. Je vous promets à rire.

LE PRINCE HENRI.

Oui, soit.

POINS.

Bravo! Ce soir, Falstaff va nous en dire!
Je reviens vite.

(Il sort en courant.)

SCÈNE IV.

LE PRINCE HENRI, seul.

Allez! je vous connais bien tous.
Si ma jeunesse un temps s'efface parmi vous,
J'imite le soleil qui permet aux nuages
De l'éclipser parfois, puis, vainqueur des orages,
Brille plus radieux sur le monde ébloui.
Ma valeur, pur métal au sol noir enfoui,
Vive étoile d'argent dans le firmament sombre,
Se détachera mieux sur un passé plein d'ombre.

SCÈNE V.

LE PRINCE HENRI, POINS, qui entre en courant, puis FALSTAFF.

POINS.

Je me sauve. Falstaff jure et serre les poings :
J'ai caché son cheval, et dans sa fureur...

FALSTAFF, criant.

Poins!

LE PRINCE HENRI, montrant un buisson à Poins.

Mets-toi là, vite.

(Poins se cache.)

FALSTAFF, entrant.

Poins! Que le diable l'emporte!

LE PRINCE HENRI.

Paix, butor! es-tu fou de hurler de la sorte?

FALSTAFF.

Où donc est Poins?

LE PRINCE HENRI.

Là-haut. Je vais te l'appeler.
(Il se cache.)

FALSTAFF, seul.

Mais je suis donc maudit, pour sans cesse voler
Avec ce brigand-là! Dieu sait où le maroufle
M'a caché mon cheval! Je vais perdre le souffle,
Si je m'avance à pied seulement de trois pas.
En dépit du bon sens, allons, n'en doutons pas,
Je mourrai dans mon lit, si j'échappe à la corde
Pour avoir massacré ce Poins. Miséricorde!
Depuis vingt ans et plus, je jure à chaque instant
De renoncer à lui, je le garde pourtant;
Il faut qu'il m'ait donné quelque philtre effroyable
Qui me force à l'aimer. Poins! Hal! Bardolph! au diable!
Plutôt que de bouger pour voler avec eux,
Je crèverai de faim. Je veux être un grand gueux
Si ce ne serait pas tout aussi méritoire
De les quitter pour vivre honnête, que de boire
Un coup de vin. A pied, sur ces cailloux, je croi
Que vingt pas sont plus durs que vingt milles pour moi.
Tous ils m'ont vu suer à traîner ma béquille.
La canaille devrait être honnête en famille!
(On siffle.)
Oui, sifflez! que Satan vous étrangle, bandits!
Rendez-moi mon cheval, et soyez tous maudits.
Mon cheval!

LE PRINCE HENRI, rentrant.

Gros tonneau, vas-tu bientôt te taire!
N'entends-tu pas ce trot? Couche-toi. Colle à terre
Ton oreille. Ce sont nos voyageurs, je croi.

FALSTAFF, stupéfait.

Couche-toi! Mais où sont vos leviers? Couche-toi!
Me relèverez-vous, fussiez-vous une bande?
Je ne charrierais pas plus loin ma pauvre viande
Pour tout l'or et l'argent de ton père. Aide-moi
A ravoir mon cheval, pour Dieu, cher fils de roi

LE PRINCE HENRI.

Suis-je ton palfrenier, maraud, vile matière?

FALSTAFF.

Va-t'en te pendre alors avec ta jarretière
D'héritier présomptif! Va, va, si je suis pris,
Je vous chargerai tous d'opprobre et de mépris.
Si je ne fais sur vous chanter une ballade
Sur un air obscène, Hal, je veux qu'une rasade
Me serve de poison! Pousser ces farces-là
Si loin! à pied encor! je déteste cela!

(La nuit est tout à fait tombée durant cette scène.)

SCÈNE VI.

LES MÊMES, BARDOLPH, PETO, GADSHILL.

BARDOLPH, criant.

Arrête!

FALSTAFF.

Oui, je m'arrête et c'est ce qui m'irrite!

POINS.

C'est notre chien d'arrêt. — Eh bien?

BARDOLPH.

　　　　　　　　　　Et vite, et vite!
L'argent du roi, messieurs, qui vient derrière moi,
Pour le trésor royal!

FALSTAFF.

　　　　　Pour l'auberge du roi,
Veux-tu dire, menteur.

BARDOLPH.

　　　　　　La somme est d'importance
A nous remonter tous.

FALSTAFF.

　　　　　Oui tous, à la potence.

LE PRINCE HENRI.

Vous quatre, postez-vous dans ces étroits chemins.
Poins et moi, là, plus bas. Ils tombent dans nos mains,
Si vous les échappez.

FALSTAFF.

Ils sont?

BARDOLPH.

　　　　　Une dizaine.

FALSTAFF.

Mais c'est eux qui nous vont piller!

LE PRINCE HENRI.

　　　　　　　　Grosse bedaine,
As-tu peur?

FALSTAFF.

　　　Qui? moi, peur! Je n'ai jamais peur, Hal!

LE PRINCE HENRI, à Poins.

C'est ce que nous verrons.

POINS.

Ami Jack, ton cheval
Est derrière la haie, entends-tu. Bon courage!

FALSTAFF.

Voyez, dès qu'il paraît, je ne sens plus ma rage.

POINS, bas à Henri.

Venez nous déguiser, maître. Éloignons-nous d'eux.
(Il sort avec Henri.)

FALSTAFF, à ses trois compagnons.

Allons! voici l'instant, mes fils. Au plus heureux!
(Tous quatre tirent leurs épées.)

SCÈNE VII.

FALSTAFF, BARDOLPH, PETO, GADSHILL,
DEUX VOYAGEURS, vieux et d'apparence chétive.

UN DES VOYAGEURS, à l'autre.

Viens, laissons les chevaux à nos garçons de peine
Et, pour nous dégourdir, faisons à pied la plaine.

BARDOLPH.

Arrêtez!

PETO.

Halte-là!

LES DEUX VOYAGEURS.

Merci de nous! — Jésus!

FALSTAFF, se tenant dans un coin, brandissant son épée, et criant.

Renversez! égorgez! frappez! tombez dessus!
Ah! mangeurs de jambon! diseurs de patenôtres!
Ces coquins, mes enfants, nous détestent, nous autres!
A sac! dépouillez-les, mort-Dieu! de leur toison!
(Les deux voyageurs sont saisis et liés. Falstaff se rapproche.)

UN DES VOYAGEURS.

Grâce!

BARDOLPH, qui les fouille.

Rien sur eux!

FALSTAFF, indigné.

Rien? Voleurs! — Payez rançon,
Ou mourez!

LE VOYAGEUR.

Oh! pitié! Notre or est dans un coffre,
Avec les chevaux, là.

FALSTAFF.

C'est bon! j'accepte l'offre.

LE SECOND VOYAGEUR.

Perdus! ruinés!

FALSTAFF.

Bah! il vous en reste encor!
Pourquoi n'avez-vous pas apporté tout votre or,
Ladres ventrus? Allons! couennes, qu'on nous suive!
Filous, ne faut-il pas que la jeunesse vive?

(Sortent Falstaff et ses trois bandits, emmenant les deux voyageurs.)

SCÈNE VIII.

LE PRINCE HENRI et POINS rentrant masqués.

LE PRINCE HENRI.

Nos pillards vont piller ces honnêtes vieillards.
Il s'agit, à nous deux, de piller les pillards,
Et puis de revenir joyeusement à Londre.
Nous aurons de quoi rire un mois à les confondre.

POINS.

Les voici. Chut!

(Rentrent Falstaff et ses acolytes, portant un coffre.)

FALSTAFF.

Or çà, mes maîtres, partageons.
Et vite, avant le jour, à cheval! délogeons!
Si ce prince, vrai Dieu! n'est pas un fieffé lâche,
Il n'est plus de justice au monde, que je sache!
Et le Poins! un canard a plus de cœur que lui!

(Ils ouvrent le coffre.)

LE PRINCE HENRI et POINS, tombant sur eux.

Votre argent!

FALSTAFF.

Scélérats!

(Il se sauve avec Bardolph, Peto et Gadshill en criant à tue-tête et en abandonnant le coffre. — Henri et Poins éclatent de rire.)

LE PRINCE HENRI.

Oh! Dieu! comme ils ont fui!
C'est par trop aisément leur reprendre leur proie!
Maintenant à cheval, Poins, et vive la joie!

DEUXIÈME PARTIE

La taverne.

Une salle dans la taverne.

SCÈNE PREMIÈRE.

QUICKLY, puis LE PRINCE HENRI et POINS.

QUICKLY, seule, prêtant l'oreille.

Quelqu'un ! Ah ! Dieu merci ! ce sont mes bons apôtres !

(Entrent le prince Henri et Poins, riant aux éclats. — Ils portent le coffre.)

LE PRINCE HENRI, riant.

Le Falstaff courait-il !

QUICKLY.

Le prince ! eh ! mais les autres ?

POINS.

Il tremblait, il suait, et, dans son pesant vol,
Sa graisse en fusion fumait ce maigre sol.

LE PRINCE HENRI.

Et quels cris le poltron poussait dans son délire !
Il m'aurait fait pitié, s'il ne m'eût fait tant rire !
— Cache le coffre, Poins. Cet or, tu comprends bien,
Sera restitué sans qu'il y manque rien.
Va, va.

Poins sort, emportant le coffre.

Bonsoir, Quickly, notre imposante hôtesse.

QUICKLY.

Bon Dieu! qu'est-ce que vient de faire Votre Altesse ?
Sir John?...

LE PRINCE HENRI, riant.

Il court les champs!

POINS, rentrant.

Viendront-ils aujourd'hui ?

SCÈNE II.

Les Mêmes, BARDOLPH, puis PETO,
puis GADSHILL.

LA VOIX DE BARDOLPH, au loin.

Au voleur!

POINS.

Ce sont eux.

(Entre Bardolph courant éperdument.)

Au feu!

(Apercevant le prince Henri, il s'arrête interdit.)

Le prince!

QUICKLY.

Eh! oui,
Le prince.

POINS, bas, à Henri.

Tenons-nous.

PETO, entrant, non moins effaré.

Au secours, digne hôtesse,
Cachez-moi!

QUICKLY.

Qu'avez-vous, Peto?

PETO, apercevant le prince.

Dieu! Son Altesse!

QUICKLY.

Mais d'où venez-vous donc? Où m'avez-vous laissé
Mon gros sir Jack?

PETO.

Je crains de l'avoir renversé.

GADSHILL, entrant avec impétuosité.

A l'aide! — Oh! Monseigneur!

QUICKLY.

Ah çà! c'est insipide!
D'où nous rapportez-vous tous trois cet air stupide?

BARDOLPH, bas, à Quickly, montrant le prince.

Grondait-il en rentrant?

QUICKLY.

Il riait, brave Henri!

BARDOLPH, bas, à Peto.

Le prince a ri!

PETO, bas, à Gadshill.

Le prince a ri!

GADSHILL veut transmettre la nouvelle à un quatrième,
qu'il trouve absent. — A lui-même.

Le prince a ri!

QUICKLY.

Mais vous m'expliquerez à la fin ce mystère.
Qu'est devenu sir John? Qu'en avez-vous pu faire?.

LA VOIX DE FALSTAFF, au dehors.

Massacre!.

BARDOLPH.

Le voilà.

POINS, bas, au prince.

De l'aplomb! nous rirons.

SCÈNE III.

Les Mêmes, FALSTAFF.

POINS.

Bonsoir, Jack. D'où viens-tu?
(Falstaff aperçoit Henri d'un premier coup d'œil, mais va s'asseoir du côté opposé devant une table, et s'y appuie du coude d'un air de mauvaise humeur.)

FALSTAFF.

Maudits soient les poltrons!
Oui, maudits et pendus! Amen! — Garçon! un verre!
Oh! quelle vie infâme! oh! si j'y persévère!
Non! plutôt remmailler, ressemeler des bas,
Ou les ravauder même!
(Au garçon.)
Eh! ne m'entends-tu pas,
Mon drôle? — Maudits soient tous les poltrons! Un verre!
(On lui apporte une bouteille et un verre.)
Hélas! n'est-il donc plus de vertu sur la terre?
(Il boit.)

LE PRINCE HENRI, riant, à Poins.

Dis, as-tu jamais vu monstre comme cela?

FALSTAFF, au garçon.

Tu mets donc de la chaux, maraud, dans ce vin-là?
Ce monde corrompu n'est que coquinerie.
Pourtant j'ai plus horreur de la poltronnerie
Que du vin frelaté. — Les poltrons! scélérats!
— Va ton chemin, vieux Jack, et meurs quand tu voudras.
Si le courage alors n'a pas quitté la terre,
Je suis un hareng-saur! — Est-il en Angleterre
Trois vaillants épargnés du gibet envieux?
Non, et l'un de ces trois est gros et se fait vieux.
Dieu nous aide! ici-bas, on ne voit que bassesse.
Maudits soient les poltrons! je le dirai sans cesse.

LE PRINCE HENRI, allant à lui.

Hé, vieille boule! ah çà! que viens-tu croasser?

FALSTAFF.

Qui? toi, le fils d'un roi! Mais je veux t'expulser
De tes États, mon cher, rien qu'avec une latte!
Mais je prétends chasser devant moi de ma batte,
Ou je ne porte plus un seul poil au menton,
Ton peuple tout entier comme un simple mouton!
Prince de Galles, toi!

LE PRINCE HENRI.

        Qu'as-tu, grosse bedaine?

FALSTAFF.

Poltron! ne l'es-tu pas? — Et ce Poins!

POINS, faisant mine de dégainer.

                Sac à laine!
Tu m'appelles poltron! je vais t'exterminer!

FALSTAFF, précipitamment.

Moi, t'appeler poltron! je te verrai damner
Avant de t'appeler poltron!

(Amèrement.)

           Mais il n'importe!
Je donnerais beaucoup pour courir de la sorte.
S'enfuir, pour ces messieurs, c'est épauler les leurs!
L'enfer puisse rôtir de pareils épauleurs!
Oui, vous êtes bien faits, mes enfants, des épaules!
Aussi nous montrez-vous le dos volontiers, drôles!
Moi, j'aime à voir en face!

(Au garçon.)

            Un verre donc, faquin!
Si j'ai bu d'aujourd'hui, que je sois un coquin!

LE PRINCE HENRI.

Quoi! tes lèvres, sangbleu! sont humides, pécore,
Du dernier coup de vin!

DEUXIÈME PARTIE.

FALSTAFF.

Ah! bah!
(Il boit.)
Je dis encore:
Maudits soient les poltrons!

LE PRINCE HENRI.

Mais de quoi s'agit-il?

FALSTAFF, se levant.

Il s'agit? Moi, Falstaff, Bardolph, Peto, Gadshill,
Nous avions en nos mains ce soir mille guinées.

LE PRINCE HENRI.

Où sont-elles, Falstaff?

FALSTAFF.

Hélas! refriponnées!
Cent brigands sont venus...

LE PRINCE HENRI.

Cent?

FALSTAFF.

Que je sois pendu
Si je n'ai ferraillé, moi seul, à corps perdu,
Avec une douzaine au moins, pendant deux heures!
J'échappai par miracle, ou je veux que tu meures!
Compte :
(Montrant ses chausses.)
Ici, quatre coups;— douze dans mon pourpoint;
Mon bouclier percé; vois, je ne te mens point.
(Tirant son épée toute hachée.)
Mon épée, une scie! *Ecce signum!* — En somme,
Je n'ai jamais fait mieux depuis que je suis homme.
A quoi bon tant d'efforts? Maudits soient les poltrons!

(Montrant ses compagnons.)

Hal, interroge-les. S'ils mentent, ces larrons,
Ce sont tous des enfants de ténèbres, des traîtres.

LE PRINCE HENRI, à Bardolph et aux autres.

Oui, contez-nous un peu l'événement, mes maîtres.

BARDOLPH.

Nous quatre étant tombés sur douze cavaliers...

FALSTAFF.

Oh! seize au moins, mylord.

BARDOLPH.

Nous les avons liés.

PETO.

Tiens! je n'ai pas vu ça!

FALSTAFF, furieux.

Brute! veux-tu te taire!
Tous furent bâillonnés, tous garrottés à terre,
Ou je ne suis qu'un juif, un juif hébreu. Vraiment!

BARDOLPH.

Puis, comme nous faisions les parts tranquillement.
Il en vient six ou sept...

FALSTAFF, chauffant.

Qui détachent les autres.
D'autres viennent encore. Ils fondent sur les nôtres.

LE PRINCE HENRI.

Eh quoi! tous sont tombés traîtreusement sur vous?

FALSTAFF.

Tous? Je ne comprends, Hal. Qu'entends-tu par tous?
J'en avais pour ma part cinquante et des plus braves,
Cinquante! ou je ne suis qu'une botte de raves.

Oui, certe, ils étaient bien cinquante-deux ou trois
Qui prennent ton vieux Jack à partie à la fois
Et le vont harcelant jusqu'à ce qu'il leur cède.
Si je te mens, je suis... je ne suis plus bipède.

POINS.

Dieu veuille qu'il n'ait pas tué quelqu'un d'entre eux !

FALSTAFF, gravement, se tournant vers lui.

Ce souhait vient trop tard ; j'en ai supprimé deux.
Hélas ! oui, j'en suis sûr, deux d'entre eux ont leur compte.
Deux coquins en bougran. Si je te fais un conte,
Crache-moi par le nez, appelle-moi cheval.
— Tu connais ma parade où je suis sans rival ?
Eh bien, j'étais de là, tenant ainsi ma lame.
Quatre gueux en bougran...

LE PRINCE HENRI, l'interrompant.

Quatre! mais, sur mon âme
Tu ne disais que deux ?

FALSTAFF.

Quatre, Hal, sans affront.

POINS.

Oui, quatre, il a dit quatre.

FALSTAFF.

Ils viennent donc de front,
Mais, sans m'embarrasser de leurs attaques jointes,
J'ai sur mon bouclier rassemblé leurs sept pointes...

LE PRINCE HENRI, le reprenant.

Sept ? non : quatre.

FALSTAFF.

En bougran, dis-je.

POINS.

Oui, quatre en bougran.

FALSTAFF, se rebiffant.

Sept! sept! par mon épée!

LE PRINCE HENRI, à Poins.

Eh! lâche-le d'un cran.
Ces sept-là, tu vas voir, vont monter vite en graine.

FALSTAFF.

Tu me suis, Hal?

LE PRINCE HENRI.

Très-bien.

FALSTAFF.

La chose en vaut la peine.
— Donc, ces neuf en bougran...

LE PRINCE HENRI, à Poins.

Bon! déjà deux de plus.

FALSTAFF.

Commencèrent à rompre en poussant des : Jésus!
Mais moi, je les tenais, immobile, de bronze.
Bref, en un tour de main, j'en couchai sept sur onze.

LE PRINCE HENRI.

Onze sortis de deux! tu nous vois étourdis!

FALSTAFF.

Mais le diable a voulu que trois coquins maudits,
Habillés de vert clair, me prissent par derrière.
Car c'était un vrai four, cette nuit meurtrière!
On n'eût pas vu son ventre.

LE PRINCE HENRI.

Oh! menteur effronté!
Comment as-tu, dis-moi, nettement constaté
Que ces hommes étaient en couleur claire ou sombre,
Si tu ne voyais pas ton ventre dans cette ombre?
Hein? réponds. Que peux-tu nous conter désormais?

POINS.

Vite. Jack. Tes raisons?

FALSTAFF, majestueusement.

Quoi! de force? Jamais!
Allez! menacez-moi des fers, de la torture,
La force ne peut rien sur moi! c'est ma nature.
Vous donner mes raisons par force! les raisons
En nombre égaleraient les mûres des buissons,
Nul ne m'arracherait de raison par contrainte.

LE PRINCE HENRI.

Ah! c'est encourager trop longtemps par ma feinte
Des contes impudents! Ce poltron vaniteux
Qui fait partout les lits et les chevaux boiteux,
Cette masse de chair...

FALSTAFF.

Arrière, peau d'anguille,
Meurt-de-faim, nerf de bœuf, perche, stock-fish, aiguille!

(Toussant, essoufflé.)

Sans cet asthme damné, je t'en dirais mon soûl,
Aune, étui d'arc, fourreau, sonde de gabelou!

LE PRINCE HENRI.

Là! fort bien! Souffle un peu, puis reprends de plus belle,
Défile jusqu'au bout l'immonde kyrielle.
Mais, après, un seul mot.

POINS.

Jack, écoute ceci.

LE PRINCE HENRI.

Oui, nous vous avons vus, Poins et moi que voici,
Quatre tomber sur deux et les lier, maroufle.
Puis leur voler leur or. Vois à présent d'un souffle
Tes mensonges crouler devant la vérité.
C'est à ce moment-là que je me suis jeté.

Sur vous quatre avec Poins et qu'à ta barbe grise
Nous vous avons repris, sans coup férir, la prise ;
Et nous l'avons encor, qui plus est, elle est là. —
Et vous, Falstaff, courant, criant : holà ! holà !
Avec des hurlements de taureau qu'on déchaîne,
Vous avez lestement sauvé votre bedaine.
— Faut-il pas que tu sois un grand gueux maintenant,
Pour avoir tailladé ton épée en venant,
Afin d'en appuyer le récit de ta gloire?
Eh bien, mens donc encor! trouve une échappatoire!
Rapièce, si tu peux, ton honneur en haillons!

POINS.

Oui, tire-toi de là, mon vieux sir Jack, voyons!

FALSTAFF, souriant.

Eh! n'ai-je donc pas su, mon Dieu, te reconnaître
Aussi bien que celui qui t'engendra, mon maître!
Vouliez-vous voir tuer l'héritier présomptif,
Mon prince légitime, oh fi! par moi, chétif?
Tu sais bien que je suis aussi vaillant qu'Hercule.
Mais l'instinct était là qui me criait : recule.
Le lion respecta toujours le sang royal.
J'eus peur, mais par instinct, et, jusqu'à ma mort, Hal,
Je veux nous honorer de la plus haute estime,
Moi, lion généreux, toi, prince légitime.
— Mais, après tout, mes fils, vous avez donc l'argent?
Pardieu! j'en suis fort aise, ô couple intelligent!
Il faut nous divertir, ô jeunesse étourdie.
Voulez-vous impromptu faire une comédie?

LE PRINCE HENRI.

Soit, et *Sauve qui peut* en sera le sujet.

FALSTAFF.

Henri, si vous m'aimez, assez sur cet objet.
— Çà, tu reçois demain une fière semonce?

Je t'en conjure, ami, compose ta réponse.
Ton père va tonner, Dieu sait! prépare-toi.

LE PRINCE HENRI.

Soit. Eh bien, fais mon père, et questionne-moi.

FALSTAFF.

Tu le veux? Volontiers. — Cette chaise est mon trône...
(On lui met une chaise sur la table, et on le hisse à quatre sur ce siége.)
Ce tranchelard, mon sceptre,
(Posant sur sa tête un coussin à porter les paniers.)
et voici ma couronne.
(Tous rient.)
Oui, riez! si la grâce a pu laisser en vous
Quelque étincelle encor, vous serez émus tous.
— A boire! que mes yeux soient d'un rouge de flamme!
Je dois être censé pleurer comme une femme.

LE PRINCE HENRI.

Voici ma révérence.

FALSTAFF.

Et voici mon discours.
(A Poins et aux autres.)
Rangez-vous, ma noblesse.

QUICKLY, battant des mains.

Oh! Jésus! les bons tours!
C'est un père de vrai!

FALSTAFF.

Silence, pot à bière!
— Ce n'est pas seulement, Henri, de la manière
Dont tu passes le temps que je suis indigné,
C'est de la compagnie où tu vis confiné.
Car, bien qu'on doive aux pieds fouler la camomille
Pour la faire pousser, — pourtant plus on gaspille
L'or de ses jeunes ans, plus vite il est usé.

Mon fils, — tu l'es, j'espère, — au moins, je le pensai
Sur ma propre croyance et la foi conjugale,
Ton affreux tic de l'œil et ta lippe infernale
M'en sont surtout garants. Or donc, est-ce qu'on doit,
Alors qu'on est mon fils, être montré du doigt?
— Peut-être on t'a parlé, Henri, d'une substance,
La poix, qui, s'il faut croire une ancienne sentence,
Salit quand on la touche. Or, il en est ainsi
De la société que tu hantes ici.
— Pourtant, à tes côtés, j'ai vu — cela me frappe —
Un homme vertueux, mais dont le nom m'échappe.

LE PRINCE HENRI.

Un homme vertueux, mon père! en vérité?
Quel homme est-ce, s'il plaît à votre Majesté?

FALSTAFF.

Mais un homme imposant, ma foi — de consistance,
L'air gai, l'œil gracieux, une noble prestance.
Cinquante ans, à peu près. Mon Dieu! peut-être bien
A-t-il la soixantaine, à ne te cacher rien.
Ah! j'y suis maintenant! c'est Falstaff qu'on le nomme.
Eh bien, si la débauche habite chez cet homme...
Mais, non! non! la vertu dans ses yeux parle et luit.
Et si l'on reconnaît, cher fils, l'arbre à son fruit,
Comme le fruit à l'arbre, — alors, je le répète,
La peau de ce Falstaff contient un homme honnête.
Chasse tous tes bandits; mais aime-le toujours.
— Maintenant, qu'a-t-on fait, gueusard, depuis cinq jours?

LE PRINCE HENRI.

Un roi parler ainsi! ce cuistre m'exaspère!
Descends de là. Je prends le rôle de mon père.

FALSTAFF, qu'on fait descendre de sa chaise.

Tu me détrônes? Soit! Prête à la royauté
Le quart de ma grandeur et de ma dignité,

Et tu pourras après me pendre par les pattes
Comme un lièvre écorché.

LE PRINCE HENRI.

L'humble cœur!

FALSTAFF.

Tu me flattes.

LE PRINCE HENRI, assis.

Es-tu prêt?

FALSTAFF.

Je suis prêt.

(Aux assistants.)

Vous, messieurs, jugez-nous.

LE PRINCE HENRI.

Ah! vous voilà, Henri. D'où nous arrivez-vous?

FALSTAFF, d'un ton dégagé.

Du cabaret, seigneur.

LE PRINCE HENRI.

On a sur votre compte
De terribles griefs.

FALSTAFF, impudent.

Sangbleu! l'on vous en conte!
— Le jeune prince, allez! va bien se soutenir.

LE PRINCE HENRI.

Quoi! tu jures, enfant pervers! A l'avenir,
Ne lève plus les yeux sur moi. Je te renie.
Tu vas droit à l'enfer. Tu fais ta compagnie
D'un démon sous les traits d'un vieillard corpulent.
Ton ami, ton Pylade! est un muids ambulant.
Comment peux-tu souffrir cette horreur déjetée,
Folie en cheveux blancs, infamie édentée!
Que sait-il? déguster et boire le xérès,

Découper un chapon et l'engloutir après.
Quel est son seul talent? la ruse. Quelle ruse?
Celle qui fait le mal et qui du bien abuse.
En quoi perverse? en tout. En quoi louable? en rien.

FALSTAFF.

Pas si vite, seigneur! je ne vous suis pas bien.
Au nom du ciel, de qui veut parler Votre Altesse?

LE PRINCE HENRI.

De ce maudit Falstaff, corrupteur de jeunesse,
Satan en cheveux blancs.

FALSTAFF, candide.

Je connais l'homme, oui.

LE PRINCE HENRI.

Vraiment!

FALSTAFF.

Mais d'ajouter que je connais en lui
Plus de mal qu'en moi-même, oh! ce serait trop dire!
Qu'il soit vieux, son chef gris ne peut vous contredire.
Je l'en plains. Mais qu'il soit, lui Jack! un suborneur,
Vrai Dieu! permettez-moi de le nier, seigneur.
Si de sucrer le vin d'Espagne, c'est un crime,
Dieu pardonne aux pécheurs! Si l'on va vers l'abîme
Pour être vieux et gai, j'en sais plus d'un damné.
Si, parce qu'on est gras, on se voit condamné,
Il nous faudra dès lors, pour nous montrer intègres,
Du seigneur Pharaon chérir les vaches maigres.
Non, bannissez Bardolph, Peto, Poins l'insolent!
Quant à Falstaff l'aimable, à Falstaff l'excellent,
A Falstaff le loyal, le vaillant qu'on admire,
Et d'autant plus vaillant qu'il est ce qu'il est, sire,
Ah! ne l'enlevez pas à votre enfant pervers!
Bannir Jack! autant vaut bannir tout l'univers!

LE PRINCE HENRI.

J'entends qu'il soit banni.

(On frappe à la porte extérieure. Sort Quickly.)

BARDOLPH, courant à la fenêtre.

Oh! mylord, à la porte
Le shérif et sa garde! Une garde très-forte!

FALSTAFF.

Va-t'en, drôle! achevons!

BARDOLPH.

Mais...

FALSTAFF.

J'en ai dit si peu
En faveur de Falstaff!

QUICKLY, rentrant effarée.

Jésus! Jésus! Mon Dieu!

LE PRINCE HENRI.

De quoi s'agit-il donc, voyons? Est-ce le diable?

QUICKLY.

Le shérif! le shérif! une garde effroyable!
Ils viennent visiter, disent-ils, la maison.
Dois-je les faire entrer?

FALSTAFF.

Non. Perds-tu la raison?

LE PRINCE HENRI, à Falstaff, lui désignant une table couverte d'un tapis.

Cache-toi là-dessous.

(Aux autres.)

Montez vite, vous autres.
Oh! que vous paieriez cher à présent, bons apôtres,
Un nez sans vermillon, une âme sans remords!

FALSTAFF, se cachant sous la table.

Hélas! j'eus tout cela, mais j'étais jeune alors,

C'est très-vieux. Je puis donc me cacher sans bassesse.
(Tous se cachent, excepté Henri et Poins.)

LE PRINCE HENRI.

Faites entrer.

SCÈNE IV.

Entrent LE SHÉRIF, LA GARDE, LES DEUX VOYAGEURS.

LE PRINCE HENRI.

Eh bien, monsieur le shérif, qu'est-ce?

LE SHÉRIF.

D'abord, excusez-moi, mylord, d'entrer ainsi.
Mais des hommes, dit-on, se sont cachés ici,
Que poursuit à bon droit la clameur générale.

LE PRINCE HENRI.

Leurs noms?

LE SHÉRIF.

Un d'eux, connu comme la cathédrale,
Est très-gras et très-gros.

UN DES VOYAGEURS.

Oh! gras comme saindoux!

LE PRINCE HENRI.

Mais cet homme n'est pas, vous voyez, avec nous.
Il est, je vous l'atteste, absent pour mon service.
Demain matin, shérif, que le ciel me punisse
S'il ne va sur tout point répondre à vos agents.
Donc, laissez-nous.

LE SHÉRIF, montrant les voyageurs.

Je pars. Voilà deux braves gens
Qui, dans cette embuscade, ont perdu cent guinées.

LE PRINCE HENRI.

Bien! Falstaff répondra des sommes détournées. Adieu.

LE SHÉRIF.

Bonsoir, mylord.

LE PRINCE HENRI.

Dites plutôt bonjour.

LE SHÉRIF.

Oui, je crois en effet qu'il fera bientôt jour.

(Sort le shérif avec ses gardes et les voyageurs.)

LE PRINCE HENRI, à Poins.

Cet énorme coquin est connu de tout Londre. Appelle-le.

POINS.

Falstaff!

(Voyant que Falstaff ne répond pas, il soulève le tapis de la table. On aperçoit Falstaff couché sur le dos et endormi profondément.)

Il ne va pas répondre! Il dort comme une mare et ronfle en vrai cheval.

LE PRINCE HENRI.

Fouillons dans ses habits.

POINS.

Mais...

LE PRINCE HENRI.

Tour de carnaval! Avec quels longs efforts ce marsouin respire! Que tiens-tu?

POINS, qui a vidé les poches de Falstaff.

Des papiers.

LE PRINCE HENRI.

Voyons, il faut les lire.

POINS, lisant.

« Item, un chapon gras : trois livres quatre sous. —
« Item, ingrédients, lard et sauce en dessous :
« Une livre. — Item, vin d'Espagne, cinq bouteilles ;
« Item, le soir, anchois, cinq bouteilles pareilles :
« Huit livres dix-sept sous. —Item, pain blanc : un liard. »

LE PRINCE HENRI.

Quoi! rien qu'un liard de pain! Le monstrueux vieillard!
Une miette noyée en cet affreux déluge!...
—Laissons-le, Poins. — Je vais à mon père, à mon juge.

TROISIÈME PARTIE

Le Grand-Juge.

Le jardin de la taverne. Bosquets, tables et bancs. Une balustrade à hauteur d'appui le sépare de la place.

SCÈNE PREMIÈRE.

FALSTAFF, BARDOLPH, assis et buvant.

FALSTAFF.

Je ne sais pas si c'est la guerre qui m'afflige,
Mais je dépéris.

BARDOLPH.

Vous !

FALSTAFF.

Je suis réduit, te dis-je,
Et je serai bientôt aussi maigre que toi.
J'ai l'air, avec ma peau qui pend déjà sur moi
Comme au dos d'une vieille une robe trop large,
D'une pomme reinette en avril. Par ma charge !
Je veux me repentir. Je me sens tout miné
Et je tourne au squelette. Il est temps. Si je n'ai
Oublié comment est le dedans d'une église,
Que je sois un cheval de brasseur, ou qu'on dise
Qu'un de mes créanciers a pu ravoir son dû !
Une église en dedans !... L'exemple m'a perdu !

BARDOLPH.

Vous vous affectez trop pour que votre mort tarde.

FALSTAFF.

Tu dis vrai. Chante-moi quelque chanson gaillarde
Et rions. — J'étais né pour aimer la vertu.
J'en avais autrefois autant, — le croirais-tu ?
Qu'on en peut souhaiter lorsqu'on est gentilhomme.
Je ne hantais jamais que des gens qu'on renomme.
J'étais suffisamment honnête. Tiens, je crois
Que j'ai même payé mes dettes une fois.
Je respectais la loi. Jurais-je? c'est à peine.
Je n'allais guère au jeu que sept fois par semaine.
— Ah! j'ai rompu la règle, et je vis maintenant
Hors de toute mesure.

BARDOLPH.

Il n'est pas étonnant,
Sir John, mon bon sir John, que, gras comme vous êtes,
Vous débordiez un peu les mesures honnêtes.

FALSTAFF, irrité.

Change de nez, ami! je changerai de mœurs.
Cher lampion! le flot est mauvais aux rameurs,
Tu nous sers d'amiral. On te met à la poupe
Et ton nez, comme un phare, illumine la troupe.

BARDOLPH.

Que vous fait ma figure? est-ce qu'elle vous nuit ?

FALSTAFF.

Au contraire, mon cher! depuis que, chaque nuit,
Tu viens à la taverne avec tous nos fidèles,
Tu m'as bien épargné mille écus de chandelles.
Tu bois tant cependant que, tout le compte net,
Ta bouche coûtait plus que ton nez ne gagnait.
Voilà trente-deux ans, — Dieu veuille me le rendre!
Que j'entretiens le feu de cette salamandre!

SCÈNE II.

FALSTAFF, BARDOLPH, QUICKLY.

FALSTAFF, à Quickly.

Eh bien, ma chère enfant, vais-je à la fin savoir
Quel drôle m'a vidé les poches hier au soir?

QUICKLY.

Vous plaisantez, sir John. Allons donc! par la Vierge!
Des voleurs! Est-ce ici, croyez-vous, leur auberge?
J'ai pour vous, du premier jusqu'au dernier garçon,
Interrogé les gens, et fouillé la maison.
Nous n'avons rien trouvé. Mais je vois la ficelle.
Je vous connais, sir John. Vous me cherchez querelle
Pour retenir l'argent que je vous ai prêté;
Puis, vous vous en irez. Vous avez acheté
Des chemises lundi : j'ai payé la lingère.

FALSTAFF.

Un superbe cadeau, certe! une boulangère
Me les a prises hier pour faire des tamis.
De la belle toile, oui!

QUICKLY.

Jésus! s'il est permis!
De la toile qui m'a coûté huit schellings l'aune!
Puis, vous n'êtes pas homme à recevoir l'aumône,
Vous mangez. Vous venez boire entre les repas.
Puis, je vous ai prêté, vous ne le nierez pas,
Vingt-quatre...

FALSTAFF.

Pas un sou! quelle est cette caverne?
Quoi! je ne pourrai pas, dans ma propre taverne,
Traité comme on ferait du premier étranger,
Prendre un petit moment mes aises sans danger!

Allons! je ne suis pas un écolier, ma chère!
Tenez, on m'a volé l'anneau de mon grand-père,
Qui vaut quarante marcs.

QUICKLY.

Du cuivre! ô Dieu clément!
Le prince a dit vingt fois que c'en était.

FALSTAFF.

Comment!
Le prince n'est qu'un sot. Qu'il vienne me le dire,
Je le bâtonnerai comme un chien.

(Le prince Henri et Poins sont entrés depuis un instant sans être vus de Falstaff. Henri fait signe à Quickly de le laisser dire.)

SCÈNE III.

FALSTAFF, BARDOLPH, QUICKLY,
LE PRINCE HENRI, POINS.

LE PRINCE HENRI, bas à Poins.

Tu vas rire.

QUICKLY, à Falstaff.

Vous le bâtonneriez?

FALSTAFF.

Comme un vil animal.
Crois-tu qu'il m'intimide avec son sang royal!
C'est un pauvre garçon. Il était né, je pense,
Pour être panetier. Quant à l'intelligence,
Il n'en aura jamais une indigestion;
Mais il coupe le pain dans la perfection!

QUICKLY.

S'il entrait tout à coup avec Poins...

FALSTAFF.

Son compère!
Un bon jeune homme encor, Poins! les deux font la paire.

Pour l'esprit, il en a presque autant qu'un maillet.
Le beau côté de Poins, c'est le petit palet.
Il fait soir et matin les délices du prince?
Je crois bien : le brigand a la jambe aussi mince
Que le cher prince, il est de nouvelles farci,
Il avale des bouts de chandelles ainsi
Qu'un verre de liqueur, danse, jure avec grâce,
Joue avec les enfants au cheval sur la place,
Saute les tabourets, à pieds joints, s'il vous plaît!
Dans sa botte collée au-dessous du mollet
Il a l'air d'une enseigne ambulante. J'accorde
Qu'il a les qualités d'un bon danseur de corde
Et qu'il sait plusieurs tours qui, sans être très-forts,
Prouvent qu'il est léger d'esprit comme de corps.
Le prince aussi le traite ainsi que son apôtre.
Ils se valent si bien que, si l'un contre l'autre
Ils voulaient par hasard se peser une fois,
Un cheveu suffirait pour décider du poids.

LE PRINCE HENRI, bas à Poins.

Que devons-nous répondre à des choses pareilles?
Qu'allons-nous faire?

POINS, bas.

Il faut lui couper les oreilles.

LE PRINCE HENRI, haut, posant la main sur l'épaule de Falstaff.

Ah çà! drôle, est-ce là le respect qui m'est dû!
Maudite mine à suif!

FALSTAFF.

Tu m'as donc entendu?

LE PRINCE HENRI.

Oui, certe! et tu savais que j'étais là, j'en jure?
L'instinct t'avertissait, comme dans l'aventure
De Gadshill? C'est par jeu que tu parlais ainsi?

FALSTAFF.

Non, je ne savais pas que tu fusses ici.

LE PRINCE HENRI.

Alors, c'est pour de bon? Tu paieras cette insulte!

FALSTAFF.

Je n'ai pas fait d'insulte! apaisons ce tumulte.
Moi, t'insulter!

LE PRINCE HENRI.

Gros gueux! parler ainsi de moi?
M'appeler panetier, sot, et je ne sais quoi!

FALSTAFF.

Pas d'insulte!

LE PRINCE HENRI.

En effet. On me contait en route
Que quelqu'un avait dit, — ce n'est pas toi sans doute,
Qu'il me bâtonnerait.

FALSTAFF.

L'ai-je dit, Bardolph?

BARDOLPH.

Oui,
Sir John, vous l'avez dit.

FALSTAFF.

Oui, s'il soutenait, lui,
Que ma bague est en cuivre.

LE PRINCE HENRI.

Elle est en cuivre! Drôle,
Je le dis. Tiendras-tu maintenant ta parole?

FALSTAFF, hardiment.

Ce n'est pas, par exemple, un homme comme toi
Qui m'en empêcherait...
(Se radoucissant sur un geste expressif du prince.)
Mais le fils de mon roi!
Je crains les lionceaux.

LE PRINCE HENRI.

    Je prétends qu'on me craigne
Comme un lion.

FALSTAFF.

   On n'est lion que quand on règne.

QUICKLY.

Quand vous n'êtes pas là, mylord, si vous saviez
Comme il parle! Hier, il a dit que vous lui deviez
Mille livres sterling.

LE PRINCE HENRI.

    Moi! gros crabe sans pince,
Mille livres sterling?

FALSTAFF.

   Mille livres, mon prince!
Dis donc un million!

LE PRINCE HENRI.

  Bah!

FALSTAFF.

    Tu me dois, je croi,
Ton amitié, — qui vaut un million pour moi.

LE PRINCE HENRI.

Donc, quand je suis absent, c'est ainsi qu'on m'insulte?

FALSTAFF.

Au contraire, cher Hal, je te prouve mon culte.
Je dis du mal de Hal aux réprouvés? Parbleu!
Faut-il qu'il soit aimé des ennemis de Dieu?

LE PRINCE HENRI.

Pour échapper aux coups que ton ventre réclame,
Tu vas dire du mal de cette honnête dame!
Quoi donc! elle et Bardolph, est-ce qu'ils sont damnés?

Réponds. Le vertueux Bardolph, de qui le nez
Brûle de tant de zèle, est-il damné?

POINS.

Prépare
Ta réponse.

FALSTAFF.

Bardolph! que l'enfer s'en empare!
Son visage, allumé du menton jusqu'au front,
Est le fourneau du diable où les farceurs cuiront.
— Mais traitons le sujet sérieux, je te prie.
Hier je dormais derrière une tapisserie;
On m'a dévalisé, Hal, pendant mon sommeil.
C'est un pur coin de bois qu'un cabaret pareil.
On m'a tout filouté.

LE PRINCE HENRI.

Qu'est-ce donc qui te manque?

FALSTAFF.

Me croiras-tu, Henri? Quatre billets de banque
De cent livres, ma bague... Est-il des tribunaux?

LE PRINCE HENRI.

Gueux boursouflé! Parler de billets et d'anneaux!
Dieu! de quelle impudeur ce beefsteak en impose!
Faquin! S'il se trouvait, misérable, autre chose
Dans tes poches hier, c'est moi qui te le di,
Que des cartes d'auberge et du sucre candi,
Que j'enfle à ta mesure! Et pourtant tu persistes?
— C'est moi qui t'ai fouillé!

FALSTAFF.

Voyons, Hal, tu m'attristes.
Tu sais, Henri, qu'Adam, dans toute sa vertu,
A péché. Maintenant, que demanderais-tu,
Dans notre siècle impie, au pauvre Jack? En somme,
Il est certain que j'ai plus de chair qu'un autre homme;

Il faut bien que je pêche un peu plus vite aussi.
— Donc, c'est toi, mon enfant, qui me fouilles ainsi?

LE PRINCE HENRI.

Cela paraît acquis au procès.

QUICKLY.

Votre Altesse
Sait qu'il me doit...

FALSTAFF, l'interrompant.

Allons! je te pardonne, hôtesse.
Je suis toujours traitable autant que de raison.
Va me faire à manger. Rentre dans ta maison.
Sois vigilante, chaste, et soigne bien tes hôtes,
Je serai bon pour toi. Je te remets tes fautes.
— Encore? Emmène-la, Bardolph, et veille au four.
Allez.

(Sortent Bardolph et l'hôtesse.)

Occupons-nous maintenant de la cour.
Notre affaire du vol, qu'est-elle devenue?

LE PRINCE HENRI.

Ah! comment t'empêcher de danser dans la nue?
Le Grand-Juge t'en veut. J'ai, jusqu'au dernier sou,
Restitué l'argent ce matin.

FALSTAFF.

Es-tu fou?
N'aurai-je tant sué que pour un tel salaire?
Tout s'en va, jusqu'au vol!

LE PRINCE HENRI.

Mais, — ceci va te plaire, —
Je suis remis avec mon père.

FALSTAFF.

En vérité?

LE PRINCE HENRI.

Oui, cher bœuf; il me fait part de sa royauté.
Pour le présent, c'est moi qui vais mener la guerre;
Et puis, si je reviens vainqueur, comme j'espère,
A moi pouvoir, grandeur, rêves à plein essor!

FALSTAFF.

Tu devras commencer par piller le trésor.

LE PRINCE HENRI.

Je te donne un emploi, Jack, dans l'infanterie.

FALSTAFF.

Je le préférerais dans la cavalerie.
(A lui-même.)
— Où trouver un gaillard qui s'entende à voler?

LE PRINCE HENRI.

Je vais t'expédier, avant de m'en aller,
Les ordres qu'il te faut pour recruter en route.
Songe qu'il te faudra partir ce soir sans doute.
(Il parle bas à Poins.)

FALSTAFF, à lui-même.

Oh! combien je paierais, en ces moments pressants,
Un bon jeune voleur de vingt à vingt-deux ans!
— Je m'en vais boire un coup.
(Il boit, en méditant.)

LE PRINCE HENRI.

          Poins! que Satan m'emporte
Si tu peux te douter de quelle étrange sorte
Me drapent en dessous ces courtisans sans foi,
Et ce qu'on avait dit à mon père de moi!
Mais Hotspur me paiera ces reproches d'un père!
Un jour doit se lever, et c'est bientôt, j'espère,
Qu'on me verra, vainqueur de ce jeune lion,
Laver avec son sang ma réputation.
Jusque-là, j'y consens, que son nom croisse et monte!

A lui toute la gloire, à moi toute la honte !
Qu'il ramasse en sa main tous les lauriers épars !
Car nous ferons alors l'échange de nos parts.
Hotspur n'est qu'un facteur, mon cher, tu peux m'en croire,
Qui partout fait pour moi provision de gloire,
Mais qui m'en rendra compte, ou mon glaive vainqueur
Ira chercher alors sa gloire dans son cœur.

POINS.

On vous attend.

FALSTAFF.

Et l'ordre? afin que je me rue
Aux batailles !

LE PRINCE HENRI.

J'y vais.
(Il sort avec Poins.)

SCÈNE IV.

FALSTAFF, BARDOLPH, LE LORD GRAND-JUGE,
GOWER.

BARDOLPH, Falstaff.

Voici, là, dans la rue,
Le lord qui vous faisait demander hier au soir.

FALSTAFF, se levant précipitamment.

Le Grand-Juge ! Suis-moi, je ne veux pas le voir.

LE GRAND-JUGE, sur la place, à Gower.

Gower, n'est-ce pas là ce Falstaff, qu'on implique
Dans le vol commis hier sur la route publique?

GOWER.

C'est lui-même, mylord.
(Ils entrent dans le jardin.)

FALSTAFF.

Fuyons par le plus court.

LE GRAND-JUGE, à Gower.

Appelez-le.

GOWER, retenant Falstaff.

Sir John !

FALSTAFF, à Bardolph.

Dis-lui que je suis sourd.

BARDOLPH, à Gower.

Il est sourd.

LE GRAND-JUGE, à Gower.

Tirez-lui la manche.
(Falstaff fait mine de ne pas s'en apercevoir.)
Davantage !

GOWER.

Sir John !

FALSTAFF, se retournant.

Comment! maraud! mendier à ton âge!
Es-tu boiteux? Le roi, qui compte ses soldats,
Et la rébellion ont-ils donc trop de bras?
Ne peux-tu donc servir d'une part ou de l'autre?
Car, quoiqu'un seul parti soit bon, et c'est le nôtre,
J'aimerais mieux servir chez les mutins, crois-moi,
Que demander l'aumône aux passants comme toi!

GOWER.

Vous me jugez mal.

FALSTAFF.

T'ai-je appelé par méprise
Honnête homme? Ai-je dit une telle sottise?
Alors, sauf le respect que je dois me payer
Comme bon militaire et comme chevalier,
J'ai menti !

GOWER.

Quittez donc un moment, je vous prie,
Vos qualités de guerre et de chevalerie,
Maître, et permettez-moi de vous dire à présent
Que vous avez menti par la gorge, en disant
Que je ne suis pas, sir, autant et plus honnête
Que tous vos pareils.

FALSTAFF.

Moi! que je te le permette!
Si tu veux m'insulter sans ma permission,
Tu le peux. — Mais alors, — fais bien attention! —
Tu ne seras qu'un gueux que le gibet désire.
— Va-t'en, recors!

LE GRAND-JUGE.

Sir John, j'ai deux mots à vous dire.

FALSTAFF, feignant d'apercevoir seulement alors le Grand-Juge.

Mylord!.. j'ai bien l'honneur de donner le bonjour
A votre seigneurie. On disait à la cour
Que votre seigneurie avait la fièvre noire.
Ce n'est pas sans l'avis des docteurs, j'ose croire,
— La rencontre m'est douce et j'en suis réjoui! —
Que votre seigneurie est sortie aujourd'hui.

LE GRAND-JUGE.

Je...

FALSTAFF.

Votre seigneurie entendra la patrie
Qui veut absolument que votre seigneurie,
Qui sent l'âge venir, bien qu'à pas tortueux,
Ait de sa seigneurie un soin respectueux.

LE GRAND-JUGE.

Hier, j'avais envoyé le shérif chez l'hôtesse
Pour...

FALSTAFF, l'interrompant.

J'apprends que le roi souffre, et que la tristesse
Qui le dévore, avec votre permission,
Le...

LE GRAND-JUGE.

Ce n'est pas le roi dont il est question.
Vous n'avez pas, sir John, bougé plus qu'une poutre,
Quand je vous ai mandé; mais...

FALSTAFF.

On m'a dit, en outre,
— Je ne sais si c'est vrai, mais on me l'a conté, —
Que ce qu'a de la guerre appris Sa Majesté
L'avait si brusquement suffoquée et saisie,
Qu'elle en avait été prise d'apoplexie.

LE GRAND-JUGE.

Le ciel garde le roi! mais laissez-moi d'abord
Vous...

FALSTAFF.

Cette apoplexie est, selon moi, mylord,
Un épaississement, si votre seigneurie
Me le permet, du sang qui s'engorge et qui crie.
C'est un bourdonnement d'oreilles...

LE GRAND-JUGE.

Que cela
Soit ce que voudra Dieu! que me chantez-vous là?

FALSTAFF.

... Cela vient d'un chagrin qui tend trop fort la fibre
De l'esprit; le cerveau perd alors l'équilibre.
Galien bien souvent s'en est inquiété.
Il résulte de là comme une surdité.

LE GRAND-JUGE.

Vos oreilles, je pense, ont cette maladie;

Car vous n'entendez pas ce que je m'étudie
A crier.

FALSTAFF.

Je les ai malades, en effet.
Elles entendent bien, mylord, mais c'est un fait
Qu'elles écoutent mal dans des choses pareilles.

LE GRAND-JUGE.

En vous mettant du chanvre au-dessous des oreilles,
On vous les guérirait, j'en suis sûr, promptement,
Et je me pourrais bien charger du traitement.
Vous m'allez suivre.

FALSTAFF.

Où donc, mylord?

LE GRAND-JUGE.

A la grand'salle.
Vous y viendrez, sir John, l'affaire est capitale.
Vite! allons!

FALSTAFF.

Laissez-moi. J'irai.

LE GRAND-JUGE.

Comme tantôt,
Oui!

FALSTAFF.

Mon conseil légal m'a fait faire défaut.

LE GRAND-JUGE.

Sir John, vous n'êtes bon qu'à vivre dans un antre.
Et vous avez trois fois plus de vices au ventre
Que le plus misérable et le plus endurci
Des forçats!

FALSTAFF.

Si je suis trois fois plus gros aussi!

LE GRAND-JUGE.

Vous dépensez beaucoup avec peu de ressource.

FALSTAFF.

Grand-Juge, prends mon ventre et donne-moi ta bourse !
Je règle, mon cher lord, quoi qu'on vous ait conté,
Ma dépense en raison de ma capacité.

LE GRAND-JUGE.

Vous avez mis le prince en la mauvaise voie.

FALSTAFF.

Ce n'est pas vrai. Mon ventre empêche que j'y voie
Devant moi, j'ai besoin d'un chien d'aveugle : ainsi
C'est lui plutôt...

LE GRAND-JUGE.

Allons, suivez-nous.

(Entre Poins portant un pli cacheté.)

Qu'est ceci ?

POINS, remettant le pli à Falstaff.

Vous partez sur-le-champ, sir John.

LE GRAND-JUGE.

Mais la justice
A cependant un compte à régler...

POINS.

Le service
Du prince et de l'État le réclame à l'instant.
Voici l'ordre du roi. Vite ! l'on vous attend.

(Il sort en hâte.)

FALSTAFF, au Grand-Juge.

Vous avez entendu ?

LE GRAND-JUGE.

Les choses seraient autres,

Mon maître, dans des temps moins troublés que les nôtres.
Vous voilà quitte. Allez dans de meilleurs sentiers,
S'il se peut. Guidez mieux le prince. Vous étiez
Son mauvais ange. Enfin! votre affaire s'arrange.

FALSTAFF.

Bon ou mauvais, je suis trop gros pour faire un ange :
Les anges ne sont pas opaques. — Voyez-vous,
Le mérite est si mal récompensé chez nous
Que le courage va vêtu d'une humble serge
Et se fait montreur d'ours, l'esprit garçon d'auberge;
Quand il n'est pas de sot qui n'ait sa pension!
On ne met de l'esprit que dans l'addition.
On a laissé si peu d'autres vertus à l'homme
Qu'on ne donnerait pas un fétu de la somme.
— A votre âge, farci de sermons exigeants,
On ne nous comprend plus, nous autres jeunes gens.
Cloués contre le sol d'un sang lourd et débile,
Vous nous jugez avec l'aigreur de votre bile ;
Et nous, qu'un jeune sang porte aux hardis projets,
Nous sommes, je l'avoue, un peu mauvais sujets.

LE GRAND-JUGE.

Vous donnez-vous pour jeune avec cette peau blême,
Cette voix éraillée et ce ventre suprême?
Ces cheveux gris? — Allez! personne ne vous croit!
Votre menton est large et votre esprit étroit.
Vous êtes vieux.

FALSTAFF.

Mylord, je naquis un dimanche,
Vers trois heures du soir, avec la tête blanche
Et le ventre déjà rondelet. Pour ma voix,
Les cantiques me l'ont éraillée autrefois.
Pensez ce qu'il vous plaît du reste. En conscience,
Je n'ai de vieux, mylord, que mon expérience;
Et celui qui voudra parier de ce pas

Cent marcs, à qui fera les meilleurs entrechats,
N'a, fût-ce un des danseurs que la ville renomme,
Qu'à me prêter l'argent, et je serai son homme.
— Donc, la sueur encor va couler de nos fronts!
Priez, vous qui restez, que, quand nous combattrons,
Il ne fasse pas chaud : je n'ai que deux chemises.
Si la chaleur passait les limites permises,
Je prendrais ma bouteille et je veux, si je mets
Autre chose à mon poing, cracher le sang! Jamais
Il ne s'offre un danger qu'on n'y fourre mon ventre.
Je ne peux pourtant pas durer toujours, que diantre!
Mais je reconnais là mes Anglais. Quand ils ont
Quelque chose de bon, aussitôt ils vous vont
Le mettre à toute sauce. On prétend, dans la ville,
Que je suis vieux ; alors, qu'on me laisse tranquille.
Plût à Dieu que je fusse un lâche et que mon nom
Répandît moins d'effroi chez les ennemis! — Non,
J'aimerais mieux cent fois, ou le diable m'emporte!
Plutôt que de suer tous les jours de la sorte,
Qu'on me laissât rouiller jusqu'aux os dans mon trou!
— Voulez-vous me prêter mille écus?..

LE GRAND-JUGE.

Pas un sou!
Sir John. Je ne veux pas vous surcharger. Vous n'êtes
Déjà que trop pesant. Adieu. Soyez honnêtes,
Vous et vos compagnons.

(Il sort avec Gower.)

SCÈNE V.

FALSTAFF, BARDOLPH.

FALSTAFF.

C'est l'arrêt du destin
Qu'un vieux soit ladre, ainsi qu'un jeune, libertin!

Soumettons-nous. Le vieux en a pour récompense
La goutte; l'autre, pis. C'est ce qui me dispense
De les maudire ici tous les deux.
(Déployant ses papiers.)
Mais il faut
Nous aller recruter. — Nous n'avons rien là-haut?

BARDOLPH.

Nous n'avons qu'à payer. Faut-il dire à l'hôtesse?..

FALSTAFF, vivement.

Non! les scènes d'adieu portent trop de tristesse :
Il faudrait s'attendrir et sangloter en chœur
Avec elle, et ses cris me briseraient le cœur.
— Je boîte. C'est la goutte, hélas! la chose est sûre.
Ah! bah! je soutiendrai que c'est d'une blessure,
Et l'on m'augmentera ma pension. Sachons
Tirer le bien du mal. Et maintenant, marchons.
(Ils sortent.)

QUATRIÈME PARTIE

Les recrues.

Dans le Glostershire. Une salle dans la maison du juge de paix Shallow.

SCÈNE PREMIÈRE.

FALSTAFF, BARDOLPH, entrant avec **SHALLOW.**

SHALLOW, introduisant Falstaff.

Mon bon sir John Falstaff! Votre main, je vous prie.
Est-il bien conservé! Que votre seigneurie
Donne sa chère main. Sir John, en vérité
Vous portez bien votre âge!

FALSTAFF.

Eh! de votre côté,
Vous êtes une rose! Ouf! qu'il fait chaud au monde!
— Çà, m'avez-vous trouvé, cher juge, pour ma ronde,
Mes trois guerriers?

SHALLOW.

Ils sont déjà dans la maison,
Vous attendant.

FALSTAFF.

Bardolph! va voir la cargaison.
(Sur un signe de Falstaff, Bardolph sort.)

SHALLOW.

Vous, sir John, acceptez mon dîner, je vous prie.

FALSTAFF.

Je veux bien boire un coup; mais, là, sans momerie,
Je ne saurais dîner. Que je suis enchanté
De vous avoir revu, mon cher maître, en santé !

SHALLOW, à demi-voix, poussant Falstaff du coude.

Ami! vous souvient-il de cette nuit céleste
Passée aux prés Saint-George?

FALSTAFF, baissant les yeux.

On s'en souvient de reste!
Mais chut! laissons cela, Shallow, laissons cela.

SHALLOW.

Oh! nous en sommes-nous donné cette nuit-là!
Et Jeanne Clair-de-Lune est-elle encore en vie?

FALSTAFF.

Toujours.

SHALLOW.

Dieu! ce soir-là, comme je l'ai suivie!

FALSTAFF.

Elle disait aussi ne pouvoir supporter
Maître Shallow.

SHALLOW.

Parbleu! je savais la mater.
Se soutient-elle encore?

FALSTAFF.

Oh! bien vieille! bien vieille!

SHALLOW.

Vieille! je le crois bien et ce n'est pas merveille!
Vieille! on peut l'assurer! J'entrais à Saint-Clément,
Quand du vieux Clair-de-Lune elle eut... — Certainement
Qu'elle est très-vieille! — elle eut Robinson Clair-de-Lune.

12

FALSTAFF.

Eh! voilà soixante ans!

SHALLOW.

Une adorable brune!
Le bon temps! nous étions gais, lestes, triomphants,
Et notre mot du guet était : « Hum! hum! enfants! »

SCÈNE II.

Les Mêmes, BARDOLPH, rentrant, avec six ou sept recrues.

SHALLOW.

Ah! voici vos lurons. Les têtes désignées
Sont à vous.

BARDOLPH, à l'oreille de Falstaff.

J'ai reçu quatre... non, trois guinées
Que voici...

(A part, mettant la quatrième dans sa poche.)

— Je peux bien faire un petit profit. —
Pour libérer Lebœuf et Lemoisi...

FALSTAFF, bas.

Suffit!

SHALLOW.

Eh bien, quels sont les trois?

FALSTAFF.

Choisissez à ma place.

SHALLOW, désignant trois recrues.

Soit: Lemoisi, Lebœuf, Faiblot.

FALSTAFF.

Non pas! de grâce!
Toi, Lemoisi, pourris au pays. Toi, Lebœuf,

Tu peux paître à loisir, tu me parais trop neuf.
Pas de ceux-là !

SHALLOW.

Sir John, vous vous dupez vous-même..
Quoi ! vous gardez l'écume et rebutez la crème ?
Je voudrais vous voir, moi, de robustes garçons.

FALSTAFF.

Croyez-vous sur ce point me donner des leçons,
Maître Robert Shallow ? Eh ! des membres d'athlète,
La largeur, la stature, une masse replète,
Toute cette vigueur au besoin fait défaut !
C'est le cœur, voyez-vous, c'est le cœur qu'il me faut !
Voyez-moi ce bossu, tenez : comme il est maigre !
Eh bien, il trottera plus prompt et plus allègre
Qu'un garçon de taverne ou bien un tourniquet.
Il vous va décharger, recharger son mousquet,
Plus vite qu'un cloutier ne manierait sa lime. —
Cet autre, pauvre quart, si fluet, si minime,
La balle épargnera ce but par trop fictif ;
On ne va pas viser le tranchant d'un canif. —
Enfin, ce petit vieux tout sec, pauvre arbalète,
Il est déjà tout prêt à devenir squelette.
Ces trois ombres, Shallow, m'iront parfaitement. —
Maintenant, entre nous, point de long compliment :
Je vous quitte. Merci de vos façons civiles.
Ce soir, il nous faut faire encore douze milles.
— Bardolph, leur uniforme à ces miliciens.

(Bardolph sort avec les recrues.)

SHALLOW.

Sir John, Dieu vous bénisse et centuple vos biens !
Puisse-t-il nous donner la paix ! — Je vous en prie,
Pour renouer un peu, que votre seigneurie

Veuille bien s'arrêter chez nous à son retour.
Je pourrai m'en aller avec vous à la cour.

FALSTAFF.

Ah ! j'en serais bien aise !

SHALLOW.

En un mot comme en mille,
J'ai dit : Portez-vous bien.

FALSTAFF.

Adieu.

(Sort Shallow.)

SCÈNE III.

FALSTAFF, seul.

Vieil imbécile !
Vieux faquin ! vieux menteur ! Que d'amoureux exploits !
Sur trois mots un mensonge, et toujours un sur trois !
— Mais je le vois encore à vingt ans ! quelle allure !
On eût dit un de ces bonshommes en pelure
De fromage qu'on sculpte au dessert, — et, tout nu,
De près vous l'auriez pris, tant il était menu !
Pour un radis fourchu qu'un couteau malhonnête
Aurait grotesquement surmonté d'une tête.
De loin, sans de bons yeux, vous le cherchiez en vain.
Une ombre, je vous dis, le spectre de la Faim.
Et, dans ce petit corps, des appétits lubriques !
Il portait fièrement des habits historiques
Qui racontaient à tous les modes des aïeux.
Il charmait ses Margots des refrains glorieux
Que l'on siffle au faubourg, leur donnant ces merveilles
Pour caprices de lui, pour « enfants de ses veilles ! »

Et voilà maintenant ce pantin écuyer :
Il a des bestiaux, des terres, un foyer!
Ah! je veux, au retour, mesure économique,
Faire sur ce niais une étude alchimique.
Si le jeune goujon nourrit le vieux brochet,
Je ne vois pas du tout comment, par ricochet,
Pour s'en tenir aux lois de la sainte nature,
Shallow peut éviter d'être un jour ma pâture.

(Il sort.)

CINQUIÈME PARTIE

La bataille.

Un coin retiré de la plaine, masqué au fond par de grands arbres. Par moments, bruits confus, coups de mousquet au loin. Escarmouches. Mouvements de troupes qui passent et repassent, pendant tout l'acte.

SCÈNE PREMIÈRE.

Arrive FALSTAFF.

Je ne sais pas comment je me suis arrangé
Pour arriver après le combat engagé.
— Comme on se bat là-bas ! — C'était un tel tumulte
Que j'ai pu, sans encombre et sans craindre d'insulte,
M'esquiver lestement et me tirer du jeu.
Je serai mieux ici pour observer. — Parbleu !
La guerre aura son dû : je consens qu'il m'en coûte
Les cent cinquante gueux que j'ai pressés en route.
— Ah ! la presse ! j'en ai diantrement abusé !
Quelle troupe j'ai là, bon Dieu ! J'ai remplacé
— Les choses ont été passablement menées ! —
Cent cinquante soldats par quatre cents guinées.
Je ne requiers que fils de fermiers, bons bourgeois,
Fiancés dont on a crié les bans deux fois
Et qui voient approcher l'hymen avec envie,
De ces drôles hardis qui tiennent à la vie,
Et qui, sautant plus haut pour un coup de mousquet

Qu'un renard qui déjà sent qu'il a son paquet
Ou qu'un canard sauvage ajusté sur le sable,
Auraient plus peur du bruit d'un tambour que du diable;
Riches gueux, qui, rouillés au fond de leurs fourreaux,
Ont le cœur dans le ventre et n'en ont pas plus gros
Qu'une tête d'épingle! hommes de pain d'épice! —
Tous ces gens-là se sont rachetés du service.
De sorte qu'à présent je n'ai pour tout troupeau
Que mendiants, de qui les os percent la peau,
Pauvres diables pour qui la fortune fut chiche,
Et qui, comme Lazare au seuil du mauvais riche,
Tout couverts de vermine et d'ulcères anciens,
Allèchent en passant une meute de chiens.
S'ils ont jamais servi, que le diable m'emporte!
Ce sont tous des laquais qu'on a mis à la porte,
Des cadets de cadets, de nocturnes bandits,
Des ribauds, de tapage emplissant les taudis,
Des taverniers forcés de fermer leur taverne,
Gueux grouillant dans la paix comme en une caverne,
Plus piteux qu'un haillon dans les ruisseaux souillé.
Voilà les remplaçants de ceux qui m'ont payé.
Ils me rappellent tous, lorsque je les regarde,
L'antique enfant prodigue et les pourceaux qu'il garde.
Ils vivaient comme lui de lavure et de gland.
On m'a plus d'une fois, sur la route, en raillant,
Crié que j'avais dû, pour des mines si fières,
Requérir les gibets avec les cimetières.
— Mes drôles, qui ne sont bons qu'aux épouvantails,
Écartent en marchant les jambes en portails,
Comme s'ils se sentaient aux pieds des fers qu'ils portent.
Pour la plupart, de fait, c'est des prisons qu'ils sortent.
Ils n'ont à tous, je crois, qu'une chemise un quart:
Le quart, fait d'un lambeau de serviette, au hasard
Jeté sur une épaule, et sans rien pour le tendre,
Serre le cou du drôle et dit qu'il est à pendre.

(Passe Poins.)

SCÈNE II.

FALSTAFF, POINS.

POINS.

Tiens, Jack! — Voilà deux jours qu'on attend après toi.
C'est quand tout va finir que tu viens? Sur ma foi!
Ces tours-là risquent bien, en quelque circonstance,
De faire sous ton poids rompre un jour la potence.

FALSTAFF.

Je serais bien fâché qu'elle ne rompît pas!
Je viens du Glostershire et j'accours à grands pas.
Ai-je l'air d'une flèche ou bien d'une hirondelle?
Ne suis-je qu'une idée, ami? Sans avoir d'aile,
On ne peut traverser plus vite monts et vaux;
J'ai crevé pour venir cent quatre-vingts chevaux.

POINS.

Sais-tu qui sont ces gueux en ordre de bataille?

FALSTAFF.

Là-bas? Ils sont à moi.

POINS.

Quelle affreuse canaille!
C'est ta troupe?

FALSTAFF.

Bah! bah! c'est assez bon, mon cher,
Pour se faire écharper! va; Ned, c'est de la chair
A canon, de la chair à canon. Je te jure
Qu'ils feront dans la fosse aussi bonne figure
Que les meilleurs soldats. — Qu'ils soient autres ou tels,
Qu'importe? Bah! ce sont, Ned, des hommes mortels.

POINS.

C'est une pauvre troupe et par trop décharnée!

FALSTAFF.

Quant à leur pauvreté, qui la leur a donnée,
Je l'ignore, mon cher : pour leur maigreur, je croi
Qu'on ne pourra toujours pas dire que c'est moi.
S'ils te déplaisent, Ned, tu peux être tranquille :
Je viens de les conduire en un lieu difficile,
Où l'on va fièrement me les poivrer. Je crois
Que, le combat fini, je n'en aurai pas trois,
Dont les mieux conservés, hachés à faire envie,
N'auront qu'à mendier le reste de leur vie.
Tu verras. — Ah çà! Ned, je m'en vais au combat
Rejoindre mes gredins. Si mon cheval s'abat, —
Entre amis on se rend ce service, — je compte
Sur un bon coup de main. Ce serait une honte
De laisser écraser Jack comme une fourmi!

POINS.

Un mont comme toi! cherche un Encelade!

FALSTAFF.
         Ami,
Je voudrais que la chose en ce moment fût faite,
Et m'aller mettre au lit.

POINS.
      Ta mort est une dette,
Lâche, que tôt ou tard tu dois payer à Dieu.

(Il s'éloigne.)

SCÈNE III.

FALSTAFF, seul.

Ah! le plus tard possible, honnête Ned! un peu
De patience, Ned, attendons l'échéance.

Le créancier viendra m'apporter sa créance.
L'irai-je importuner, quand.il ne me dit rien? —
L'honneur me dit d'aller. Oui, mais si je reviens
Les bras cassés? l'honneur, avec ce qu'il enseigne,
Remet-il les bras? Non. Empêche-t-il qu'on saigne?
Non. L'honneur n'est donc pas un bon chirurgien? Non.
Qu'est-ce donc que l'honneur? un nom. Qu'est-ce qu'un nom?
Du vent. Joli marché, vraiment. Qui le possède,
Cet honneur? Le cadavre enterré sans remède.
Ne peut-on le sentir? Non. L'entendre? Non. Mais
Il est donc impalpable? Oui, puisqu'il n'est jamais
Accessible qu'aux morts. Il n'est donc pas en vie
Avec les vivants? Non, à cause de l'envie.
— Au bout du catéchisme, oh! ma foi, j'ai raison,
La vie, en vérité, vaut mieux qu'un écusson.

SCÈNE IV.

FALSTAFF, LE PRINCE HENRI.

LE PRINCE HENRI.

Comment! les bras croisés! est-ce le fait d'un homme?
Prête-moi ton épée. Ah! plus d'un gentilhomme
Qui n'avait pas trouvé jusqu'ici de rivaux
Gît, sans être vengé, sous les pieds des chevaux.

FALSTAFF.

Laisse-moi respirer. La sueur de la gloire
Me coule sur le dos. Jamais le Turc Grégoire
N'exécuta de faits comparables aux miens.
Ton Hotspur a son compte. Il est frais!

LE PRINCE HENRI.

Oui, je viens
De le voir. Il est frais et dispos. Ton épée.

CINQUIÈME PARTIE.

FALSTAFF.

Non, s'il vit. Tu l'auras, quand je l'aurai trempée
Dans le sang de Hotspur. Veux-tu mon pistolet?

LE PRINCE HENRI.

Donne-le-moi. Comment! c'est là dedans qu'il est?

FALSTAFF, lui tendant sa poche ouverte.

Oui, tout chaud. Prends-le, tiens. Mes poches sont profondes.
Voilà de quoi brûler la cervelle aux trois mondes.

LE PRINCE HENRI, tirant de la poche un flacon.

Quoi donc! est-ce à présent l'heure de plaisanter?
Ah! c'est Poins! Son épée! il va me la prêter.

(Il jette le flacon et sort.)

SCÈNE V.

FALSTAFF, seul.

Courez tous. Moi, je reste. Ah! gloire ridicule,
Fais-moi de tous ces sots des cadavres! — Je brûle
Comme du plomb fondu. Que ce combat est long!
J'ai des pieds de plomb. Dieu me préserve du plomb!
C'est déjà bien assez que de porter mon ventre :
Je suis assez lesté comme cela. — Que diantre
Vois-je là-bas? Henri rejoint Hotspur. Tout doux!
Ils viennent par ici. Diable! retirons-nous.

(Il se cache.)

SCÈNE VI.

LE PRINCE HENRI, HOTSPUR.

HOTSPUR.

Tu dois être, — ou mon œil s'abuse à ton visage,
Henri Monmouth?

LE PRINCE HENRI.

Crois-tu que je sois dans l'usage
De renier mon nom?

HOTSPUR.

Je suis Hotspur.

LE PRINCE HENRI.

Alors
C'est un grand cœur qui va descendre chez les morts.
Je suis le fils du roi, Hotspur, et tu peux croire
Que j'ai hâte d'ôter ton ombre de ma gloire.
Les étoiles du ciel ne peuvent se mouvoir
Deux dans la même sphère, et l'on ne saurait voir
L'Angleterre, coupant son trône en parts égales,
Avoir pour rois Hotspur et le prince de Galles!

HOTSPUR.

C'est juste. Oh! plût à Dieu, Henri, qu'en ce moment
Où l'un de nous du pied touche à son monument,
Ta réputation fût égale à la mienne!

LE PRINCE HENRI.

Elle sera ce soir plus grande de la tienne!
Toute ta gloire en fleurs sur ta tête, je vien
La transplanter enfin de ton front sur le mien.

HOTSPUR.

Je ne puis endurer plus longtemps tes bravades.

(Ils se battent.)

SCÈNE VII.

LE PRINCE HENRI, HOTSPUR, FALSTAFF,
puis DOUGLAS.

FALSTAFF, sans approcher.

Bravo! Hal! c'est très-bien, Hal! quelles estocades!

(Entre Douglas. Il attaque Falstaff, qui se jette aussitôt
à terre et fait le mort. Douglas s'éloigne.)

CINQUIÈME PARTIE. 247

HOTSPUR, blessé.

Je meurs! je suis...
(Il tombe mort.)

LE PRINCE HENRI, le considérant un instant en silence.

Adieu! toi qui ne craignais rien,
Grande âme! Ambition mal tissue! oh! combien
Te voilà rétrécie en un moment! Fantôme!
Vivant, tu ne pouvais tenir dans un royaume;
Six pieds de terre vont te suffire à présent.
Adieu donc. Cette terre, où te voilà gisant,
Ne compte pas, parmi les vivants qu'elle porte,
Un guerrier comme toi. Que ta gloire t'escorte
Dans le ciel où tu vas, Hotspur, et que le deuil
De ton premier revers dorme dans ton cercueil!

(Apercevant Falstaff à terre.)

Quoi! mon pauvre vieux Jack! L'âme, que la mort chasse,
A-t-elle évacué toute une telle masse?
Adieu, John. Un meilleur me ferait moins défaut.
Oh! si l'on ne pleurait chacun pour ce qu'il vaut,
Ton absence ferait dans ma vie un grand vide.
La mort, dans cette lutte, a, d'une aile rapide,
Abattu mille fois de plus nobles cœurs, mais
Une plus grosse proie, elle n'en eut jamais.

(Se tournant vers le cadavre de Hotspur.)

Je vais faire bientôt en sorte qu'on t'embaume.
Jusque-là, que ton sang soit ton unique arome!

(Il sort.)

SCÈNE VIII.

FALSTAFF, seul, se relevant lentement.

M'embaumer! en ce cas, c'est moi qui te le di,
Fais-moi saler dimanche et mange-moi lundi!
J'ai fait le mort à temps. Un peu de fausse honte,

13

Et ce porc écossais m'aurait donné mon compte.
La prudence a toujours tenu dans la valeur
Une place importante. Il m'arrivait malheur,
Si je n'avais pas eu ce genre de courage.
Ce salpêtre d'Hotspur paie à présent sa rage.
Mais s'il faisait le mort comme moi? Je crains bien
Que, tout mort que j'étais tout à l'heure, le chien
Ne me tuât encore. Il faut que je le mette,
Hors d'état de me nuire, et, sans rien qui m'arrête,
Je dirai que c'est moi qui l'ai tué. Pourquoi
Ne se pourrait-il pas relever comme moi?
Qui me démentira? Nul n'est là qui le puisse.
Allons! cette blessure encore dans la cuisse,
Et viens avec moi.

(Il donne un coup d'épée à Hotspur et se dispose à le charger sur son dos. Regardant vers la plaine.)

Tiens! on nous quitte le champ.
J'aperçois un fuyard qui n'a pas l'air méchant,
Je vais lui faire peur et me montrer en homme.

SCÈNE IX.

FALSTAFF, COLEVILLE.

(Coleville entre, épuisé, hors d'haleine, s'appuyant sur son épée.)

FALSTAFF, lui barrant tout à coup le passage.

Quel est ton nom? ton titre et ta ville?

COLEVILLE.

On me nomme
Coleville... Je sens mes deux genoux plier...
J'habite la Vallée et je suis chevalier.

FALSTAFF.

Ainsi donc, la Vallée est ton illustre asile,
Ton titre est chevalier et ton nom Coleville?

Conserve ton nom. Mais, aussi vrai qu'il fait chaud,
Ton titre sera traître et ton gîte un cachot.
Un cachot bien profond, cela te va d'emblée;
Tu vas comme cela rester dans la Vallée.

COLEVILLE.

Vous êtes, si mes yeux ne me font pas défaut,
Sir John Falstaff.

FALSTAFF.

Je suis un homme qui le vaut.
Çà, ton intention est-elle de te rendre,
Rebelle? ou s'il faudra que je sue à te prendre?
Si tu veux résister, ne fût-ce qu'un instant,
Tant pis pour tes amis! je te jure qu'autant
De gouttes de sueur qui mouilleront mes armes,
Autant ils en auront à me payer en larmes.
Et ce sera ta mort qu'ils pleureront. Ainsi,
Rends-toi sans résistance et demande merci.

COLEVILLE.

Vous êtes sir Falstaff? Je me rends.

FALSTAFF.

Tout le monde
Me reconnaît au ventre, et, sans que je réponde,
Mon cher, je porte écrit là-dessus qui je suis,
Et c'est un alphabet qu'on lit en tout pays.
Ah! si j'avais ton ventre au lieu de cette sphère,
Je serais le gaillard le plus vif en affaire!
Mon ventre m'a perdu. — Mais attends un moment.

(Il charge Hotspur sur son dos.)

SCÈNE X.

Les Mêmes, LE PRINCE HENRI, LE PRINCE JEAN, suite.

LE PRINCE HENRI, au prince Jean.

Frère, tu nous montrais l'exemple.

LE PRINCE JEAN, apercevant Falstaff.

Doucement !
Ce gros homme était mort, disais-tu ? Quel mystère...

LE PRINCE HENRI.

En effet, je l'ai vu mort et sanglant à terre.
(A Falstaff.)
Parle, afin que ta voix me confirme ton pas.
Est-ce une illusion, réponds-moi ? Tu n'es pas
Ce que tu sembles ?

FALSTAFF.

Non : je ne suis pas un homme
A deux têtes, bien sûr ! Je suis celui qu'on nomme
Falstaff.
(Jetant le cadavre à terre.)
Voilà Hotspur. Si votre père croit
Maintenant me devoir quelque chose, eh bien, soit !
Sinon, qu'il tue alors tous les Hotspur lui-même.
Je m'attends, je l'avoue, à quelque honneur suprême,
Et qu'on me fera duc ou comte, je le croi.

LE PRINCE HENRI.

Pour Hotspur ? mais celui qui l'a tué, c'est moi !
Et toi, j'ai trouvé là ton gros corps insensible.

FALSTAFF.

Vous l'avez tué, vous ! O Dieu ! s'il est possible
Qu'un homme vous en ose imposer à ce point !
J'étais à terre, oui, je ne m'en défends point,

Et Hotspur comme moi. Mais qu'importe à l'affaire?
Nous nous sommes levés en même temps de terre,
Et nous avons lutté deux heures sans témoins.
Si l'on me croit, c'est bien. Sinon, j'aurai du moins
Appris comment on paie à présent un service.
Voilà ce que j'ai fait à Hotspur dans la cuisse.
Qu'il ose dire non, s'il le peut, de l'enfer,
Et je lui fais manger la moitié de ce fer!

LE PRINCE JEAN.

De quel front impudent le faquin en impose!

LE PRINCE HENRI, montrant Coleville.

Et cet homme, qu'est-il?

FALSTAFF.

C'est encor peu de chose.
Je venais de coucher Hotspur dans le tombeau,
Quand, tout suant encor d'un triomphe si beau,
J'ai courageusement pris sir John Coleville
De la Vallée, un homme effrayant entre mille,
Un chevalier! Mais quoi! l'on me voit, c'est assez!

LE PRINCE JEAN.

Il était épuisé sans doute?

FALSTAFF.

Je ne sais;
Mais le voilà, seigneur, et je vous le présente,
Et je crois Votre Altesse assez reconnaissante
Pour consigner mes faits sur son rapport. Ou bien
Je ferai tout exprès faire, je vous prévien,
Une ballade, avec une gravure en tête
Où Coleville, triste et tenant bas la crête,
Me baisera les pieds en pleurant. Dans ce cas,
Si ma gloire aussitôt ne vous éclipse pas
Et ne vous couvre tous d'ombre et de triples voiles,
Comme la pleine lune éclipse les étoiles

Qui n'ont l'air, dans les feux qui les viennent noyer,
Que de têtes d'épingle, — alors un chevalier
Ne méritera plus qu'on croie à sa parole.
Qu'un homme donc qui n'a que l'honneur pour boussole
Monte en grade aussitôt qu'il l'a su mériter.

LE PRINCE JEAN.

Vous êtes douze fois trop pesant pour monter.

FALSTAFF, souriant.

Allons! que je m'accroisse.

LE PRINCE JEAN.

Encore?

FALSTAFF.

Qu'il en sorte
Quelque chose pour moi. Quant au nom, il n'importe.
Je ne tiens qu'à la chose et le nom n'y fait rien.

LE PRINCE JEAN, au prince Henri.

Il faudrait ordonner de Coleville.

(Entre Westmoreland.)

LE PRINCE HENRI, à Westmoreland.

Eh bien?

WESTMORELAND.

Tout est fait. Nous venons de sonner la retraite.

LE PRINCE HENRI.

Emmenez Coleville et que sa mort s'apprête.
Ne laissons pas de tête à l'hydre après ce jour.

(On emmène Coleville.)

Et nous, mylords, allons maintenant à la cour,
Et faisons diligence. On m'apprend que mon père
Est malade. Courons le retrouver.

FALSTAFF.

Je J'espère,
Mylords, que je serai nommé dans vos rapports.

LE PRINCE JEAN.

Nous te promettons, Jack, d'y faire nos efforts
Et de t'abandonner ta part de la victoire.
Quant à tes beaux exploits, si quelqu'un veut y croire,
Il ne te connaît pas, je t'en fais le serment.

(Tous sortent.)

SCÈNE XI.

FALSTAFF, seul.

Je te souhaiterais de l'esprit seulement,
Sot prince! — En vérité, ce glacial jeune homme
M'abomine. On ne peut l'égayer. Quelque somme
D'esprit que je dépense avec lui, c'est en vain!
Mais c'est peu surprenant : il ne boit pas de vin.
Il ne sort rien de bon de ces jeunes gens sages
A qui le maigre et l'eau font de pâles visages.
Leur sang est plus épais que l'auge des pourceaux;
Ce sont en général des lâches et des sots;
Comme plusieurs de nous le seraient, je l'avoue,
Sans les excitatifs. — Quant à moi, qui m'y voue,
Je trouve au vin d'Espagne un double effet. D'abord,
Il me monte au cerveau, d'où soudain, sans effort,
Il chasse les vapeurs grossières et stupides;
Tout s'illumine en moi de ses éclairs rapides,
Et la conception s'éclaircit promptement.
C'est à lui que je dois tout cet esprit charmant
Qui tire de ma bouche, où le sel grec abonde,
Un tas de mots les plus spirituels du monde.
— L'autre propriété de ce vin excellent
Consiste à réchauffer le sang qui, froid et lent,

Laissait auparavant le foie aride et pâle,
Ce qui, comme on le sait, ne marque rien de mâle.
Mais le bon vin d'Espagne arrive, et le sang bout;
La figure s'allume et donne tout à coup
Aux sujets, quel que soit le nom dont on les nomme,
De ce petit État que nous appelons l'homme
Le signal de s'armer et de se tenir prêts.
Tous les esprits vitaux, qui se sentent tout frais,
Entendant aussitôt l'appel qui les rassemble,
Toutes les facultés de notre corps ensemble,
Capables d'entreprendre et jetant toute peur,
Viennent vite entourer leur général, le cœur.
Tout n'est que fange au monde, et c'est le vin qui lave.
C'est pour cette raison que mon cher Hal est brave :
Hal, au lieu de laisser croupir toujours en soi
Le sang glacé qu'il tient de son père le roi,
L'a, comme les terrains stériles et maussades,
Abreuvé tous les jours de fréquentes rasades.
Comme ivrogne, il vaut seul tous les héros passés.
Si j'avais mille fils, je croirais faire assez
Pour leur instruction et je me croirais quitte
En leur inculquant bien pour règle de conduite,
Sur cette terre, où nul ne marche d'un pied sûr,
L'horreur de l'eau rougie et le goût du vin pur.

SIXIÈME PARTIE

La couronne.

Westminster. — Appartement dans le palais. — Un lit au fond.

SCÈNE PREMIÈRE.

LE ROI, LE PRINCE JEAN, GLOCESTER, CLARENCE, WARWICK.

LE ROI, au prince Jean.

Victoire! Hotspur tué! fin de tous les rebelles!
O mon cher fils, ce sont de joyeuses nouvelles.
Et je me sens plus mal! Triste bonheur humain!
La fortune est avare et n'ouvre qu'une main.
L'un aura l'appétit, l'autre la bonne chère.
Ta nouvelle, mon fils, m'est précieuse et chère,
Et je reste sans faim devant ce bon repas.
— Mais où donc est Henri? ne le verrai-je pas?

LE PRINCE JEAN.

Il dîne avec —
(Il s'arrête.)

LE ROI.

Avec?

LE PRINCE JEAN.

Je ne sais —

LE ROI.

Je commande
Qu'on me réponde !

LE PRINCE JEAN.

Il dîne avec Poins et sa bande.

LE ROI.

L'y voilà retombé! Rien ne doit le sauver :
Le sang même d'Hotspur n'a pas pu le laver!
Sa bravoure est l'éclair qui perce un moment l'ombre
Pour faire, après, la nuit de son âme plus sombre.
Ah! mes fils, je suis triste au delà de ma mort,
Et le ver du tombeau par avance me mord
Quand je songe aux excès qui vont être les maîtres
Lorsque j'aurai rejoint sous terre mes ancêtres.
Dès qu'Henri n'aura plus de frein, et qu'étant roi
C'est sa corruption qui deviendra la loi,
De quel essor, lâché sans obstacle et sans lutte,
Ses passions le vont entraîner à sa chute!

WARWICK.

Que Votre Majesté calme ce grand souci.
Sire, le prince apprend ses compagnons, ainsi
Qu'une langue étrangère : on l'apprend tout entière,
Et sans en excepter la partie ordurière ;
On s'en fait expliquer les termes indécents
Pour les éviter mieux lorsqu'on en sait le sens.
Ainsi le prince va, rompant ces viles chaînes,
Rejeter ses amis comme des mots obscènes,
Et ne gardera d'eux qu'un savoir plus profond
De ce que les méchants et les dépravés font,
Et, connaissant par cœur leurs trames déloyales,
Ses fautes deviendront des qualités royales.

LE ROI.

Quand une fois l'abeille a déposé son miel
Dans un cadavre infect et pestilentiel,

Elle y revient toujours. — Amis, mon mal redouble;
Je n'y vois plus; je sens ma tête qui se trouble;
Je tombe; à moi, mes fils!
(Il se trouve mal.)

LE PRINCE JEAN, le soutenant.

Que Votre Majesté
Prenne courage!

CLARENCE.

O Dieu! quelle calamité!

WARWICK.

Du calme! ces accès sont fréquents; cela passe,
Mais il lui faut de l'air; éloignons-nous, de grâce.
(Tous s'écartent du roi.)

LE PRINCE JEAN.

Ces accès sont trop forts pour son sang épuisé.
Son pauvre corps royal est tellement usé
Par les coups répétés dont le destin le frappe,
Que je vois au travers son âme qui s'échappe.

GLOCESTER.

Les récits de la foule annoncent de grands maux :
On a vu circuler d'étranges animaux;
Des pères ont frémi de leur progéniture.
Les saisons ont rompu le cours de la nature ;
On dirait que l'année, ayant trouvé là-haut
Plusieurs mois endormis, les a franchis d'un saut.

CLARENCE.

La rivière, poussant ses eaux désespérées,
A, sans un seul reflux, éprouvé trois marées;
Oui, c'est un grand malheur qui nous est annoncé :
Car les vieillards, bavards registres du passé,
Disent, en y voyant de sinistres présages,
Que le même prodige effraya nos rivages

Justement quelques jours avant que le linceul
Enveloppât le grand Édouard, notre aïeul.

WARWICK.

Plus bas ! le roi revient.

GLOCESTER.

Ah ! sa vie est tarie !

LE ROI.

Portez-moi dans ce lit.
(On le soulève.)
Doucement, je vous prie.
(On le place sur le lit.)
Ne faites pas de bruit, chers amis. Je voudrais
Seulement qu'on me vînt faire, mais pas trop près,
De la musique. — A quoi sers-tu donc, médecine?

WARWICK, à un gentilhomme.

Vite! des musiciens dans la chambre voisine.
(Le gentilhomme sort.)

LE ROI.

Qu'on mette ma couronne au chevet de mon lit.

CLARENCE.

Ses yeux se creusent. Dieu! voyez comme il pâlit!

WARWICK.

Moins de bruit, moins de bruit.
(On met la couronne sur l'oreiller.)

Entre le prince Henri.

SCÈNE II.

Les Mêmes, LE PRINCE HENRI.

LE PRINCE HENRI, gaiement.

Sait-on où vit Clarence?

CLARENCE.

Me voici, frère, hélas! avec peu d'espérance.

LE PRINCE HENRI.

Tu pleures! De la pluie à l'abri, quand les cieux
Rayonnent de soleil! — Et le roi, va-t-il mieux?

GLOCESTER.

Plus mal.

LE PRINCE HENRI.

Ne sait-il pas la nouvelle?

GLOCESTER.

C'est, frère,
En l'apprenant qu'il s'est trouvé mal, au contraire.

LE PRINCE HENRI.

Bon! si c'est de plaisir qu'il est malade, alors
Il se rétablira sans médecin.

WARWICK.

Mylords,
Silence. — Parlez bas, cher prince; votre père
Va s'assoupir.

CLARENCE.

Sortons de la chambre, sans faire
De bruit.

LE PRINCE JEAN, à Henri.

Venez-vous pas aussi?

LE PRINCE HENRI.

Non, laissez-moi ;
Il convient que je veille une fois près du roi.
(Tous sortent.)

SCÈNE III.

LE ROI, LE PRINCE HENRI.

LE PRINCE HENRI.

(Il vient près du lit et aperçoit la couronne.)

Te voilà sur le lit, toi? Quelle main fâcheuse
A mis sur le chevet la mauvaise coucheuse ?
O souci rayonnant, inquiétude d'or,
Que de sommeils tu tiens tout grands ouverts! — Il dort
Vraiment, le mendiant couvert jusqu'aux paupières
D'un vil bonnet ; il ronfle à réveiller les pierres.
O grandeur, riche armure, oh! comme, aux jours ardents,
Tu brilles en dessus et brûles en dedans!
— Mais ce brin de duvet placé près de sa bouche
Ne bouge pas. Seigneur! mon père! Je le touche,
Rien. C'est fait. — Cette fois, son sommeil est profond.
Sa couronne aujourd'hui divorce avec son front.
— Ce que je te dois, père, en cette conjoncture,
C'est un regret poignant, c'est le cri de nature,
C'est un long souvenir ; ô père vénéré,
Dors en paix, et sois sûr que je te la paierai
Religieusement, ma dette filiale.
Ce que tu me dois, c'est ta couronne royale,
Qui cherche en ce moment l'héritier de ton bien
Et, n'ayant plus ton front, vient d'elle-même au mien.
(Il prend la couronne et la met sur sa tête.)
L'y voilà! — Restes-y, couronne héréditaire.
Dût venir un géant aussi fort que la terre,

Je l'ai! Père, le jour où mes fils seront grands,
Je la leur donnerai comme je te la prends.

(Il sort.)

LE ROI, revenant à lui.

Clarence! Glocester! Warwick!

(Tous rentrent.)

SCÈNE IV.

LE ROI, WARWICK, LES PRINCES.

CLARENCE.

Sa Grâce appelle?

GLOCESTER.

Oui.

LE PRINCE JEAN.

Votre Majesté, comment se trouve-t-elle?

LE ROI.

Pourquoi m'a-t-on laissé tout seul?

WARWICK.

Le prince Henri
Vous veillait.

LE ROI.

Il est donc ici, mon fils chéri?
— Mais je ne le vois pas.

GLOCESTER.

Il n'a dit à personne
De nous qu'il s'en allât.

LE ROI.

Où donc est la couronne?

Je l'avais.

WARWICK.

Elle était, sire, sur l'oreiller
Lorsque le prince a dit qu'il voulait vous veiller.

LE ROI.

C'est lui qui l'aura prise. — Allez voir où peut être
Ce fils respectueux si pressé d'être maître,
Ce tendre fils qui fait de mon sommeil ma mort.
— Ramenez-le, Warwick, pour qu'il ait le remord
De son crime.
(Sort Warwick.)

Voyez, enfants, ce que vous êtes ;
Comme l'affection dans vos fragiles têtes
Se transforme en révolte au toucher du pouvoir.
C'est pour ce désolant salaire qu'on peut voir
Les pères, prodiguant leur tendresse insensée,
Rompre leur doux sommeil par l'active pensée,
Leur front par les ennuis, et faire un si long bail
De leurs os douloureux avec le dur travail !
C'est pour cela qu'ils ont, d'un effort imbécile,
Entassé les amas de cet or difficile !
Pour cela qu'ils ont fait élever leurs enfants
Par les meilleurs guerriers et les plus grands savants !
Hélas ! nous ressemblons à l'abeille, qui cueille
Laborieusement le suc de chaque feuille ;
Comme elle, nous fouillons toute fleur sous le ciel,
Et, les bras pleins de cire et la bouche de miel,
Notre labeur au bien des nôtres s'évertue,
Et, lorsque nous rentrons à la ruche, on nous tue !
Cet amer sentiment, que rien ne peut guérir,
S'ajoute à tous les maux dont je me sens mourir.
(Rentre Warwick.)
Eh bien ! vient-il, ce fils dont l'amour singulière
Trouve la maladie un lent auxiliaire ?

WARWICK.

Seigneur, je l'ai trouvé dans le salon voisin,

Les yeux noyés de tant de larmes et le sein
Brisé de tels sanglots, que la haine elle-même,
Qui n'a jamais voulu que sang et qu'anathème,
Voyant une si triste et si tendre amitié,
Laverait son poignard dans des pleurs de pitié.
— Mais le voici qui vient.

LE ROI.

S'il a l'âme si bonne,
D'où vient qu'il est venu m'arracher la couronne?
Non, tu masques en vain l'égoïsme hideux.
(Entre le prince Henri.)
Viens, Henri. — Qu'on nous laisse ensemble tous les deux.
(Tous sortent.)

SCÈNE V.

LE ROI, LE PRINCE HENRI.

LE PRINCE HENRI.

Ah! cette voix, j'ai cru ne plus pouvoir l'entendre.

LE ROI.

On croit ce qu'on désire. Oui, je te fais attendre;
Ma lenteur à mourir à la fin t'a lassé.
O malheureux enfant, es-tu donc si pressé
De me prendre un pouvoir qui doit être ta perte?
J'allais avoir fini, ma tombe était ouverte,
Tout glissait de mon front et passait sur le tien;
Qu'es-tu donc pour voler jusqu'à ton propre bien!
Ah! ce rapt odieux, ce sacrilége infâme
Ne dément pas la foi que j'avais dans ton âme;
Ta vie avait déjà fait voir à tous les yeux
Ta tendresse pour moi; ma mort la montre mieux.
C'est un tas de poignards, Henri, que ta pensée,
Et ton cœur est la pierre où tu l'as aiguisée.
Un instant? ne pouvais-je obtenir un instant?

Eh bien, fais à ton gré; le fossoyeur attend,
Cours-y vite et dis-lui de commencer la fosse,
Non, creuse-la toi-même, et puis, sans pudeur fausse,
Vas aux cloches, et fais qu'elles sonnent gaîment
Le râle de ton père et ton couronnement,
Et tu ne répandras pour tous pleurs que le baume
Qui sacrera ton front possesseur du royaume.
Puis, fais vite jeter aux vers mon pauvre corps;
Moi parti, mets aussi mes officiers dehors;
Que ta colère soit le prix de leurs services.
Et proclame bien haut l'avénement des vices!
Plus de loi ni de règle : Henri Cinq est le roi!
Donc, à bas, majesté; démence, lève-toi!
Arrière, conseillers à l'austère figure!
Vous, singes fainéants, bandits, engeance impure,
Accourez de partout, c'est enfin votre tour!
Écume de la terre entière, sois la cour!
Nations, avez-vous quelque coureur d'orgies,
Quelque ivrogne terrible aux mains de sang rougies,
Quelque monstre qui soit, dans nos temps stupéfaits,
Un visage nouveau de tous les vieux forfaits?
Tout ce que vous avez de canailles sinistres,
Donnez-les à ce prince : il lui faut des ministres!
Otez la muselière au crime et que ce chien
Puisse mordre la chair de tout homme de bien.
O mon pauvre royaume, ô ma chère patrie
Que la guerre civile a déjà tant meurtrie,
Que vas-tu devenir, après tout frein rompu?
Si, moi qui ne vivais que pour toi, je n'ai pu
Te préserver du mal traqué dans sa caverne,
Que verra-t-on si c'est le mal qui te gouverne?
Oh! tu redeviendras, ainsi qu'aux anciens temps,
Un noir désert, avec les loups pour habitants!

LE PRINCE HENRI, tombant à genoux.

Pardonnez. — Sans l'humide obstacle de mes larmes,

J'eusse arrêté ces mots amers et pleins de charmes,
Amers puisque j'entends mon père m'accabler,
Charmants puisque j'entends mon père me parler.
— Voilà votre couronne ; elle est à vous. J'atteste
Celui qui porte au front la couronne céleste
Que mon plus cher désir est qu'elle soit à vous
Encor pour bien longtemps. — Je suis à vos genoux,
Je jure d'y rester jusqu'à ce que mon père
Soit bien sûr qu'en parlant ainsi je suis sincère.
Dieu sait, lorsque étendu sur ce lit de malheur
Vous ne respiriez plus, quel froid m'a pris au cœur !
Si je mens, que je meure avec l'horrible tache
De mes vices présents, sans que le monde sache
Que mon âme changée allait s'en dépouiller !
Votre couronne était là, sur votre oreiller,
Je regardais avec plus d'horreur que d'envie
Celle dont les soucis abrégeaient votre vie,
Et, presque mort vraiment de votre faux trépas,
Je l'insultais sans voir qu'elle n'entendait pas.
Et j'ai dit à son or : — De tous les ors, le pire
C'est toi ! Tu luis, tu sers à figurer l'empire,
On t'honore, on te fête, on t'adore à genoux :
Tu serais plutôt fait pour aller aux égouts !
La médecine emploie un or qu'elle fait boire
Aux malades ; il est de bas titre, et sans gloire,
A peine si l'on prend le temps de le trier :
Il guérit. Toi, l'or pur, tu n'es qu'un meurtrier !
Eh bien, nous allons voir si cet or qu'on renomme,
Meurtrier du vieillard, le sera du jeune homme ! —
— Et je me suis jeté sur ce monstre odieux
Qui venait de tuer mon père sous mes yeux.
On ne me fera pas de reproches, j'espère,
Pour avoir défié l'assassin de mon père !
Mais si cet ennemi, quand j'ai pu le saisir,
A souillé mon esprit d'un moment de plaisir,
Si c'est ambition, hâte d'être le maître,

Orgueil, présomption d'enfant, qui m'a fait mettre
La main sur la couronne, ô père, ô majesté !
Qu'elle me soit reprise à perpétuité,
Et que je sois plus bas dans la race mortelle
Que le plus vil de ceux qui tremblent devant elle !

LE ROI.

O mon fils ! c'est le ciel qui t'avait inspiré
De t'emparer ainsi de ce souci doré
Pour te faire par là regagner ma tendresse
En te justifiant avec tant de sagesse.
— Écoute une parole, et sois-en pénétré :
C'est le dernier avis que je te donnerai.
— Les anges savent, fils, par quelle voie oblique,
Par quel détournement de la raison publique,
J'acquis cette couronne, et je sais, moi, quel poids
De craintes elle a mis sur ma tête parfois.
Elle sera moins lourde à ton front légitime,
Et j'emporte avec moi sous terre tout le crime.
Ceux qui m'avaient aidé dans ce vol effronté
N'avaient aucun respect de mon autorité ;
De là, querelles, chocs, guerre ; le rang suprême
M'a fait des ennemis avec mes amis même,
Et le vent de la haine a si souvent soufflé
Que presque tous les jours mon trône a chancelé.
Mon règne tout entier ne fut que sang et flamme ;
Mon théâtre jamais n'a joué d'autre drame.
Mais, mon cher fils, tout va changer après ma mort.
Ce que ton père avait par le droit du plus fort,
Tu vas le posséder selon les lois écrites ;
Toi, tu n'usurpes pas le sceptre, tu l'hérites.
Mais, plus assis que moi, tu ne l'es pas assez ;
Les vieux ressentiments ne sont pas effacés ;
Suis, ô mon cher Henri ! l'exemple de ton père :
Pour arracher leur dard et leurs dents de vipère
Aux amis criminels qui m'avaient couronné

Et qui pouvaient m'ôter ce qu'ils m'avaient donné,
J'ai détruit ceux d'entre eux dont surtout j'avais crainte,
Et je voulais mener le reste en terre sainte
Pour occuper leurs bras. Fais la guerre, ô mon fils!
Adresse aux rois voisins de vigoureux défis,
Et, si tu veux trouver la couronne légère,
Jette les mécontents sur la terre étrangère!
— Je voudrais te parler encor, mais je suis las,
Et je sens mes poumons qui refusent, hélas!
La parole me manque. — Ah! que Dieu me pardonne,
Et te laisse porter longtemps cette couronne!

LE PRINCE HENRI.

Seigneur, nos ennemis peuvent être acharnés,
Mais vous l'avez conquise et vous me la donnez :
Je la mets hardiment sur une tête altière,
Et je la défendrai contre la terre entière.

LE ROI.

Mylord Warwick est là?

LE PRINCE HENRI, appelant.

Mylord Warwick!
(Rentrent Warwick et les autres.)

SCÈNE VI.

LE ROI, LES PRINCES, WARWICK.

LE ROI, au prince Jean.

Tu vois,
Je vous quitte.
(A Warwick.)
La chambre où la première fois
Je me suis trouvé mal, tu te souviens, a-t-elle
Un nom particulier?

WARWICK.

Cher seigneur, on l'appelle
Jérusalem.

LE ROI.

C'est bien. Il n'aura pas eu tort
Celui qui m'a prédit que le lieu de ma mort
Serait Jérusalem. J'ai cru qu'il voulait dire
La terre sainte. Amis, portez-moi, que j'expire
Dans cette chambre où j'ai senti la mort venir ;
C'est la Jérusalem où Henri doit finir.

(On l'emporte.)

SEPTIÈME PARTIE

L'avénement.

Le jardin de la taverne.

SCÈNE PREMIÈRE.

QUICKLY, FANG, puis SNARE.

QUICKLY.

Vous avez le mandat, mon bon monsieur Fang?

FANG.

Certe.

QUICKLY.

Pardon : votre recors est-il robuste, alerte?

FANG, appelant.

Snare!

(Entre Snare, grand et vigoureux gaillard.)

QUICKLY, faisant la révérence.

Oh! ce cher monsieur!...

SNARE.

Me voilà.

FANG.

Snare, il faut arrêter sir John.

SNARE.

Bien!

QUICKLY.

Il m'avait fait défaut,
Voyez-vous, monsieur Snare, en partant pour l'armée.
Mais il revient plus gros, dit-on, en renommée;
Toujours chéri du prince, et le père est mourant.
S'il pouvait me payer, avant d'être trop grand!
Il me doit tant et tant que c'en est une honte,
Et qu'il n'en finit pas sur mon livre de compte.
Longtemps j'ai supporté cet énorme passif;
Mais une femme est faible et le poids excessif.
A la fin, je le tiens. On l'a vu sur la route,
Avec deux braves gens, qu'il a dupés sans doute,
Et son Bardolph.

FANG.

Va-t-il descendre ici?

QUICKLY.

Tout droit.
C'est un homme hardi, monsieur Fang, et qui croit
Beaucoup à son mérite.

(Entrent Falstaff et Bardolph.)

Ah! voilà le barbare!
Ferme, bon monsieur Fang! Du cœur, cher monsieur Snare!

SCÈNE II.

Les Mêmes, FALSTAFF, BARDOLPH.

FALSTAFF.

Oh! qui donc a perdu son âne? Qu'est ceci?

FANG.

C'est moi, sergent du roi, qui vous arrête ici,
De ce me requérant mistress Quick...

FALSTAFF, l'interrompant.

Tu m'arrêtes,
Toi, faquin! Dégainons, Bardolph. Coupons les têtes!
Cassons les bras! — Et toi, la princesse, au ruisseau!
(Une lutte s'engage entre Bardolph, Fang et Snare. — Falstaff donne
de grands coups d'épée aux bancs et aux tables.)

QUICKLY.

Au ruisseau, moi! Vas-y toi-même, gros pourceau!
Veux-tu donc massacrer, assassineur perfide,
Les sergents du bon Dieu, du roi, vieil armicide?
Bourreau d'hommes! bourreau de femmes! Au voleur!

FALSTAFF, s'escrimant toujours avec le vide.

Chasse-moi ces brigands, Bardolph! de la valeur!

QUICKLY, se mêlant du combat. — Rixe et confusion entre tous cinq.

Veux-tu? ne veux-tu pas? Tu ne veux pas?

FANG, repoussé avec perte par Bardolph.

Main-forte!

QUICKLY, lâchant Falstaff auquel elle s'était attachée particulièrement.

Il ne veut pas, allez! que le diable l'emporte!

FALSTAFF, triomphant.

Arrière, marmitons! vous avez mon mépris!
Je veux vous chatouiller, pleutres, manants!...

SCÈNE III.

LES MÊMES, LE LORD GRAND-JUGE, puis GOWER.

LE GRAND-JUGE.

Quels cris!
La paix! la paix! Holà!

QUICKLY.

Soyez-moi favorable.
Prêtez-nous, mon bon lord, votre aide secourable.

LE GRAND-JUGE.

Sir John! qu'est-ce que c'est? toujours tapageur! Quoi!
Songez donc un moment, sir John, à votre emploi!
(À Snare, qui, depuis l'arrivée du Grand-Juge, s'est cramponné au collet de Falstaff.)
Toi, qui te pends à lui, mais quitte donc la place!

QUICKLY.

Je suis mistress Quickly, s'il plaît à Votre Grâce;
Pauvre veuve d'East-Cheap. Il m'a poussée à bout.
Je le fais arrêter.

LE GRAND-JUGE.

Et que vous doit-il?

QUICKLY.

Tout!
Oui, tout mon pauvre bien, acquis par tant de peine,
Il l'a, — voyez, mylord, — fourré dans sa bedaine.
Mais j'en arracherai quelque chose, vrai Dieu!

LE GRAND-JUGE.

Quoi! sir John, est-ce vrai? Fi! rougissez un peu!
Quel homme ayant du cœur subirait cette épreuve,
Endurerait ces cris?. C'est une pauvre veuve
Que vous réduisez là pour obtenir son dû!

FALSTAFF.

Bah! quel est le total de ce qu'elle a perdu?

QUICKLY.

Jarni! si tu n'étais un païen sans baptême,
Tu me dois tout ton bien, et, qui plus est, toi-même!
Dans ma chambre *au Dauphin,* ne m'as-tu pas juré,
Sur mon grand gobelet à cercle dédoré,

Auprès d'un feu de houille, à notre table ovale,
Le lundi de l'Avent où le prince de Galle
Te donna ce bon coup, que l'on peut voir encor,
Pour avoir dit du roi : vieux chanteur de Windsor ! —
Ne m'as-tu pas juré, — je lavais ta blessure, —
Que tu m'épouserais, que la chose était sûre,
Que je serais lady ! Peux-tu nier cela ?
Et n'est-il pas venu même à ce moment-là
La bonne femme Keech, tu sais bien, la bouchère,
Qui m'a dit en entrant : Bonjour, Quickly, ma chère,
Je viens vous emprunter du vinaigre et du thym,
Pour en assaisonner mon plat de langoustin.
Et tu dis : J'y ferais volontiers une brèche.
Mais je répondis : Non, ta blessure est trop fraîche.
Et quand la mère Keech fut descendue en bas,
N'as-tu pas ajouté que je ne devais pas
Avec ce petit monde être ainsi familière,
Qu'ils me diraient sous peu : Milady chevalière.
Et tu m'as embrassée, à preuve, en me disant :
Ma bonne, trouve-moi vingt schellings à présent. —
Nie encor, si tu peux. Jure par l'Évangile.

FALSTAFF.

Pauvre femme ! elle est folle. Elle dit par la ville
Que son garçon, l'aîné, vous ressemble, mylord.
La misère la frappe et lui fait un grand tort.
Quand on s'est vu du bien ! — Pour vous, sotte police,
Je vous retrouverai par-devant la justice !

LE GRAND-JUGE.

Sir John, sir John, on sait l'agréable façon
Dont vous escamotez les lois et la raison.
Vous ne me trompez point par vos airs d'impudence,
Ni par les beaux discours de votre outrecuidance.
Je vois que vous avez abusé doublement
De la simplicité de mistriss.

QUICKLY.

Oui, vraiment.

LE GRAND-JUGE.

Silence! — Payez donc, si vous n'êtes infâme,
La dette à l'hôtelière et la dette à la femme!

FALSTAFF.

Votre sermon, mylord, veut être réfuté.
Quoi! vous donnez le nom de dédain effronté
A la noble candeur d'un noble caractère?
Quoi! vous faire humblement son salut et se taire,
C'est là pour vous, mylord, la vertu désormais?
Je puis vous respecter, — vous courtiser, jamais!
Écartez-moi ces gens, mylord, j'ai quelque affaire.

LE GRAND-JUGE.

C'est parler comme un homme en passe de tout faire.
Mais, sir Falstaff, ayez au moins quelque souci
De votre honneur.

FALSTAFF.

Voyons, hôtesse, écoute ici.

(Il lui parle bas. Entre Gower.)

LE GRAND-JUGE, à Gower.

Eh bien, maître Gower, avez-vous des nouvelles?

GOWER.

J'en ai qui vont tourner les meilleures cervelles.

(Ils se parlent bas, à l'écart.)

FALSTAFF, à Quickly.

Non : foi de gentilhomme!

QUICKLY.

Oui, comptez là-dessus!

FALSTAFF, avec dignité.

Ah! foi de gentilhomme! allons! n'en parlons plus.

QUICKLY.

Par ce sol du bon Dieu! faut-il donc, je vous prie,
Mettre en gage pour vous, John, mon argenterie,
Et les pauvres tapis de ma salle à manger?

FALSTAFF.

Des verres! rien de plus : l'argent court du danger.
Des verres! c'est assez, bon Dieu, pour des gens ivres.
Tes tapis? Trouves-en, si tu peux, trente livres.
Fais-moi peindre l'Enfant prodigue et son retour,
Une chasse, ou le Temps faisant passer l'Amour, —
Le tout, à la détrempe, aura meilleure mine
Que ces lambeaux poudreux rongés de la vermine.
Tiens, dans tout le pays, il n'est pas, sur ma foi!
Sauf ces moments fâcheux, de meilleur cœur que toi.
Va, lave ta figure et retire ta plainte,
Et n'use plus jamais avec moi de contrainte :
Ne me connais-tu pas? Allons! on te poussait,
Je le sais.

QUICKLY.

Oui, sir John. Mais... s'il te suffisait...
De vingt nobles... de trente? Oh! sir John, je t'en prie,
Là, vrai, je tiens beaucoup à mon argenterie.

FALSTAFF.

Plus un mot. Tout est dit, et d'autres moins serrés...
Ah! vous serez toujours fille!

QUICKLY.

Eh bien, vous l'aurez.
Dussé-je pour cela mettre ma robe en gage!

FALSTAFF.

Allons donc! je t'estime et j'aime ton langage.
Et, pour te mieux prouver que nous sommes remis,
Je t'amène à dîner deux de mes bons amis,
A qui je dois beaucoup, sir Shallow et Silence.

14.

Traitons-les bien. Je veux m'acquitter. Je me lance.
Viens. Vous voyez, messieurs, que nous sommes d'accord.

L'HOTESSE.

Vous paierez tout ensemble?

FALSTAFF.

Est-ce que je suis mort?
(Sortent Folstaff, Quickly, Fang et Snare.)

SCÈNE IV.

LE GRAND-JUGE, GOWER, puis un Gentilhomme.

LE GRAND-JUGE.

Quoi! le roi, mon bon sire, est mort?

GOWER.

Depuis une heure,
Le roi, c'est Henri Cinq. Vous tremblez?

LE GRAND-JUGE.

Non: je pleure,
De tous les malheureux que fera cette mort.
C'est moi qui dois le plus désespérer du sort:
Le nouveau roi me hait et j'ai Falstaff pour juge;
Mais au roi mort j'irai, demandant un refuge,
Annoncer que Henri, comme un enfant pieux,
M'envoie auprès de lui le servir dans les cieux.

GOWER.

Fuyez, fuyez plutôt, il en est temps encore.
Le terrible malheur, Londre entière l'ignore.

LE GRAND-JUGE.

Fuir!

GOWER.

Mais Henri, Bedfort, Clarence et Glocester
Vont aller pour le roi prier à Westminster;

Ils prendront cette place, et cela dans une heure!
Il ne serait plus temps. Hâtez-vous.

LE GRAND-JUGE.

Je demeure.

UN GENTILHOMME, entrant.

Lord Grand-Juge, le roi vous demande.

LE GRAND-JUGE.

J'y vais.

(Serrant la main de Gower.)

Adieu.

(Il sort avec le Gentilhomme.)

GOWER, seul.

Les bons s'en vont, Dieu laisse les mauvais.
Malheureuse Angleterre! avénement sinistre!
La débauche pour reine et Falstaff pour ministre!

SCÈNE V.

FALSTAFF, SHALLOW, SILENCE, ivres tous trois.

SILENCE, chantant.

Amis, soyons joyeux
Et faisons bonne chère;
Le vin est copieux
Et la tendresse est chère.

Gai! vive la gaîté!

FALSTAFF.

Le convive divin
Que ce maître Silence! Encore un coup de vin.
Pour préface au dîner, un coup de vin d'Espagne.

SHALLOW, à part.

Je crois que j'ai trop bu.

SILENCE.

Shallow bat la campagne!

Il chante :

Gai! gai! ma femme est femme aussi,
Et les femmes sont des diablesses!
Au carnaval plus de souci,
Et vos vertus sont des faiblesses!

FALSTAFF.

Ah! Silence, bravo! je vous croyais imbu
De principes moins gais.

SHALLOW, à part.

Je crois que j'ai trop bu.

SILENCE.

Oui, c'est très-singulier. Je fus toujours, tout jeune,
Expansif après boire et muet dans le jeûne.

Un verre de vin
Pétillant et fin.
Je bois à ma mie.

FALSTAFF.

C'est cela! c'est cela!

SILENCE.

Eh, certe! Un vieux barbon,
Convenez-en, mon cher, à quelque chose est bon!

UN GARÇON, entrant.

Pardon; c'est mons Bardolph, ce videur d'écuelles,
Qui revient de la cour, apportant des nouvelles.

FALSTAFF.

De la cour! fais entrer.

SCÈNE VI.

LES MÊMES, BARDOLPH, qui se précipite aux genoux de Falstaff.

FALSTAFF.

Qu'est-ce donc qui te prend?

BARDOLPH.

Dieu vous garde, sir John! vous voilà grand, très-grand!
Et je suis votre ami, votre Bardolph.

FALSTAFF.

Quel zèle!

BARDOLPH.

Des bonheurs pleins de joie, une grande nouvelle,
Un siècle d'or, sir John, et des nouvelles d'or,
Voilà ce que j'apporte.

FALSTAFF.

Oui, bien, mais parle encor
Comme un homme du monde.

BARDOLPH.

A bas ce vilain monde!
Je parle de l'Afrique en trésors si féconde.

FALSTAFF.

Mais explique-toi donc.

SHALLOW, gravement.

Monsieur, c'est à mon tour.
Venez-vous m'annoncer ce qu'on fait à la cour?
Alors, il faut choisir : me parler ou vous taire.
J'ai du pouvoir, monsieur. Je suis un dignitaire.
J'exerce au nom du roi, sans souci des clameurs.

BARDOLPH.

Du roi? Mais de quel roi, va-nu-pieds? Parle ou meurs.

SHALLOW.

Du roi Henri.

BARDOLPH.

Henri! Quatre ou Cinq?

SHALLOW.

Henri Quatre.

BARDOLPH.

Au diable ton office! et tu vas en rabattre! —
Sir John, ton tendre agneau, ton bijou, ton enfant,
Est pour l'heure Henri Cinq, notre roi triomphant!

FALSTAFF.

Le vieux roi serait mort?

BARDOLPH.

Mort. Dieu lui fasse grâce!

FALSTAFF.

Maître Robert Shallow, choisissez telle place
Qui peut vous convenir. Elle est à vous, seigneur.
(A Bardolph.)
Toi, je veux t'écraser de richesse et d'honneur.

BARDOLPH.

L'heureux jour! un duché ne vaut pas ma fortune!

FALSTAFF, montrant Silence qui s'est endormi et ronfle
sur un banc.

Portez maître Silence au lit. Il m'importune.
Eh bien! maître, mylord, quelle part du butin
Choisissez-vous? Je suis l'intendant du destin.
Je domine les lois sans peur ni subterfuge.
Heureux tous mes amis, et malheur au Grand-Juge!
Donne-moi des détails, Bardolph, tout en cherchant

Dans tes songes passés quelque poste alléchant.
Le jeune roi languit après son Jack, sans doute?
Si j'allais le trouver?

BARDOLPH.

Nous sommes sur sa route.
Il va dans un instant se rendre à Westminster.
Et, tenez, voyez-vous la foule s'ameuter?
Voilà les hérauts d'arme et la bannière blanche.
C'est lui!

FALSTAFF.

Maître Shallow, ne quittez pas ma manche,
Et le roi va vous faire un gracieux accueil.
Oh! vous verrez! un geste au passage, un coup d'œil,
Et remarquez un peu l'air charmant qu'il va prendre!

BARDOLPH.

Puissent les dons du ciel sur tes poumons descendre,
Bon chevalier!

FALSTAFF.

Bardolph, tiens-toi derrière moi.
Oh! que n'ai-je eu le temps, pour faire honneur au roi,
De m'équiper à neuf! J'aurais à cet usage
Dépensé de grand cœur l'argent qu'en homme sage
Vous m'avez su prêter, et, — soit dit en passant, —
Ces mille livres-là vous vaudront cent pour cent.
La mort s'est trop hâtée! Enfin! enfin! n'importe!
J'aime autant, après tout, l'humble habit que je porte.
Ce négligé dira tout mon empressement.

SHALLOW.

C'est vrai!

FALSTAFF.

Mon amitié.

SHALLOW.

C'est vrai.

FALSTAFF.

Mon dévoûment.

SHALLOW.

C'est vrai! c'est vrai! c'est vrai!

FALSTAFF.

J'arrive comme un homme
Stupéfait, hébété, qui s'éveille d'un somme
Et qui vient comme il est, sans nouer un cordon,
Tout débraillé. Changer de chemise, fi donc!

SHALLOW.

Sans doute.

FALSTAFF.

Me voici tout souillé de poussière,
Suant et haletant. Foin de la terre entière!
Henri! mon roi! mon fils! je n'ai que ce cri-là,
Que cette idée en tête! et j'accours, me voilà!

SHALLOW.

Eh! oui, vraiment!

BARDOLPH.

Je veux t'enflammer de colère.
Ta Dorothée, ami, celle qui t'a su plaire,
L'Hélène de ton cœur, ton trésor adoré...

FALSTAFF.

Eh bien?

BARDOLPH.

Est en prison!

FALSTAFF.

Je la délivrerai.

SCÈNE VII.

Les Mêmes, LE ROI, à cheval, CORTÉGE,
LE GRAND-JUGE, foule.

CRIS DU PEUPLE.

Le roi! vive le roi!

FALSTAFF.

Dieu conserve ta Grâce,
Roi Hal, mon cher Henri!

BARDOLPH.

Fils d'une illustre race,
Le ciel t'aide!

FALSTAFF.

Cher fils! que tes jours soient nombreux!

LE ROI.

Lord Grand-Juge, parlez à ce fou.

LE GRAND-JUGE, à Falstaff.

Malheureux!
Avez-vous donc perdu l'esprit? C'est un blasphème!

FALSTAFF.

Mon roi, mon Jupiter, mon cœur, parle toi-même.

LE ROI.

Je ne te connais pas, vieillard. Va prier Dieu.
Un fou, des cheveux blancs, cela s'accorde peu.
Oui, j'ai vu s'agiter aux rêves d'un long somme
Un homme tel que toi, si c'était bien un homme,
Vieux, débauché, chargé d'un embonpoint pareil.
Mais j'oublie et méprise un tel songe au réveil.
Le ciel sait et je veux que l'univers connaisse
Que j'ai bien rejeté l'homme de ma jeunesse.

Ne reparais donc plus, lourd vieillard, devant moi.
Les amis de Henri sont bannis par le roi.
De peur qu'au désespoir le besoin ne te livre,
Je veux bien t'assurer encore de quoi vivre ;
Mais tu n'auras le droit d'être mon protégé
Que lorsqu'avec éclat ta vie aura changé ;
Et, si pour quelque emploi plus tard je te désigne,
C'est que ton repentir t'en aura rendu digne.
Telle est ma volonté. De tout je m'en remets,
Mylord Grand-Juge, à vous, mon bras droit désormais.
Et maintenant, marchons, et laissons ces gens ivres.

(Sort le roi avec son cortége.)

FALSTAFF, à Shallow.

Maître Robert Shallow, je vous dois mille livres.

FIN DE FALSTAFF.

PAROLES

(TIRÉ DE TOUT EST BIEN QUI FINIT BIEN.)

En collaboration avec Auguste Vacquerie.

THÉATRE DE L'ODÉON. — FÉVRIER 1843.

PERSONNAGES.

PAROLES.
ROGER.
DU MAINE.
CADUCO DONATI.
PHÉNICE, sa fille.
Deux Officiers.
Soldats.

A Florence, en 15..

PAROLES

Un bois. A droite, les premières tentes
d'un camp.

SCÈNE PREMIÈRE.

GROUPES QUI PASSENT. UN AIR D'ATTENTE.
CADUCO, PHÉNICE.

VOIX DANS LA FOULE.

Ah! les voici.

PHÉNICE, entrant avec messer Caduco.

Faisons encore quelques pas,
Mon père.

CADUCO.

Oui, pour nous faire égorger, n'est-ce pas?
Je voudrais être un rat pour être dans ma cave!
Tu profites toujours de ce que je suis brave
Pour m'entraîner, les soirs de bataille, au-devant
De nos vaillants soldats. Mais c'est assez avant.
Phénice, ne rends pas ton père téméraire!
Songe donc que le sort peut nous être contraire.
Comment, si l'ennemi nous tombait sur les bras,
Pourrions-nous regagner Florence tout là-bas?

PHÉNICE.

Le camp arrêterait l'ennemi.

CADUCO.

Je l'espère.

PHÉNICE.

Puis, comment voulez-vous qu'on nous batte, mon père,
Quand Paroles...

CADUCO.

Parole est un César français !

PHÉNICE.

Parole est au combat, nous vaincrons!

CADUCO.

Je ne sais.
L'incertitude peut provenir de deux causes :
Du trouble de l'esprit ou du trouble des choses;
La chose n'est pas claire, — ou l'homme est un dindon.

PHÉNICE.

Ici la chose est claire !

CADUCO, sincère, puis piqué.

Alors, c'est moi... Dis donc!

PHÉNICE.

Quel bonheur cependant que le duc de Florence
Ait ainsi réclamé l'appui du roi de France!
Paroles est venu sur un mot de son roi.
C'est un bien grand bonheur... pour Florence

CADUCO.

Et pour toi,
Puisqu'il t'aime, ma fille. Ah! l'orgueil me vient prendre
Quand je songe parfois que je l'aurai pour gendre!
Beau-père de Parole !

PHÉNICE.

Il court en insensé
Au-devant du péril; s'il revenait blessé!

CADUCO.

Baste! il revient toujours sans une égratignure.

SCÈNE I.

PHÉNICE.

Si j'étais là !

CADUCO.

Quel homme ! et quelle autre tournure
Que celle de Roger ! Celui-là t'aime aussi,
Mais s'il croit que je vais comparer...

(Bruit de tambours, cris dans la foule.)

Les voici.

SCÈNE II.

LES MÊMES ; QUELQUES OFFICIERS ;
ROGER, le bras en écharpe.

PHÉNICE, courant à Roger.

Eh bien, Roger ?

ROGER.

Victoire !

PHÉNICE.

Et Parole ?

ROGER.

Ah ! Parole !
Toujours ! Il n'est pas mort ! Comment un pareil drôle
Vous peut-il sur son compte abuser jusque-là !

PHÉNICE.

Roger

ROGER.

Ce plat faquin tranche de l'Attila !
Un hâbleur qui vous vient parler de ses voyages
Parce qu'on l'a toujours chassé de tous parages !
Qui saute d'Amérique en Afrique — d'un bond,
Qui fait le voyageur et n'est qu'un vagabond !

Qui n'est venu, malgré tous ses airs d'importance,
Chercher la guerre ici que pour fuir la potence !

PHÉNICE.

Cela n'empêche pas que, sans tant de façons,
Il poursuit l'ennemi, — pendant que nous causons.

ROGER.

On ne se bat plus. Moi...

PHÉNICE.

Lui se bat, j'en suis sûre !

ROGER.

Atteint à la main droite...

CADUCO.

Encore une blessure !
Ah çà ! vous êtes donc tout à fait maladroit !
La poitrine mardi ; dimanche... un autre endroit ;
Aujourd'hui cette main. Il faut qu'un gentilhomme
Soit plus fort que cela. Qu'est-ce à dire, jeune homme ?
Voyez le grand Parole ! il n'est jamais blessé !
Quel homme !

ROGER.

Oui, les hasards des batailles, je sai,
Le traiteront toujours avec miséricorde,
Et le fer sait trop bien qu'il le doit à la corde.
Moi, nul gibet ne m'a par malheur réclamé.
Et qu'importe la vie à qui n'est pas aimé !

PHÉNICE.

Si loin que vous alliez dans votre frénésie,
Je dois tout pardonner à votre jalousie.
Mais mon cœur vous répond et n'en est pas changé.
Je l'aime. Vous savez quel caractère j'ai.
Un fer moins qu'un fuseau pèse à ma main mignonne,
Et j'ai du page en moi bien plus que de la nonne.

SCÈNE II.

Je l'adore! — et je hais vos langueurs. Il me faut
Son œil toujours vainqueur et son front toujours haut.
Vous, vous venez toujours avec des yeux humides,
L'air contraint...

ROGER.

Croyez-moi, les braves sont timides.

CADUCO.

Raconte-lui comment, l'autre jour, lundi soir,
Croyant apparemment que je ne pouvais voir
Parce que je penchais la tête à la croisée,
Le grand Paroles t'a sur la bouche embrassée.
— Jeune homme, elle a raison, et ce n'est pas français
De ne pas l'embrasser !

PHÉNICE.

Si je vous épousais,
Je serais le garçon et vous la demoiselle !

ROGER.

Vaut-il mieux être donc deux garçons ? — Chère belle,
Ah ! si j'en peux jamais trouver l'occasion,
Je vous ferai rougir de sa confusion.

(Bruit de voix.)

SCÈNE III.

LES MÊMES; PAROLES, DU MAINE, OFFICIERS,

PHÉNICE.

Ah ! c'est lui.

PAROLES.

Perdre ainsi notre tambour ! du diable !

DU MAINE.

Mais cependant...

PAROLES, aux officiers.

Allons! c'est un coup effroyable!

PHÉNICE, s'approchant doucement.

Paroles?

PAROLES.

Ah! c'est vous, Phénice! vous voilà,
Caduco. — Le laisser prendre comme cela!

PHÉNICE.

Seigneur, qu'arrive-t-il? J'en suis tout alarmée.
Que s'est-il donc passé de fâcheux pour l'armée?
Qu'avez-vous? la victoire...

PAROLES.

Est suffisante ainsi.

PHÉNICE.

Vous n'êtes pas blessé pourtant?

PAROLES.

Non, Dieu merci!

PHÉNICE.

L'aile où vous combattiez?..

PAROLES, négligemment.

S'est couverte de gloire.

PHÉNICE.

La bataille?..

PAROLES.

Est pour nous une pleine victoire;
L'ennemi ne se peut relever de ce jour,
Mais nous avons perdu...

PHÉNICE.

Le duc?

SCÈNE III.

PAROLES.
   Non. — Un tambour.

ROGER, à Phénice.

Ce n'est, — rassurez-vous, l'avantage nous reste, —
Qu'un tambour!

PAROLES.

   Qu'un tambour! ce n'est qu'un tambour! peste!
Si l'on m'eût écouté!

ROGER, à part,
   Quelle idée! il faut voir.
(Haut, à Paroles.)
Enfin, on ne peut plus maintenant le ravoir!

PAROLES.

On pouvait le ravoir!

ROGER.
   On le pouvait peut-être,
Mais on ne le peut plus.

PAROLES.
   On le peut encore!

CADUGO, exalté.
      Être
Beau-père de Parole! Ah! l'ai-je mérité?

ROGER.
Prétendez-vous par là que vous êtes tenté?..

PHÉNICE.
Vous n'allez pas vous mettre en ce péril, je pense!

PAROLES.

Si je ne savais pas comment on récompense
Les grandes actions, et que tout le profit
Est volé par un drôle à celui qui les fit,

J'entreprendrais le fait sans nulle patenôtre,
Et je rapporterais ce tambour ou quelque autre ;
Ou bien j'y trouverais mon *hic jacet !*

ROGER.

Parbleu !
Lieutenant, nous voilà cinq ici qui, pour peu
Que vous soyez tenté d'entreprendre la chose,
En pouvons au besoin témoigner, je suppose.

PHÉNICE.

Paroles, n'allez pas, pour un banal défi,
Chercher un tel danger, — la mort peut-être !

CADUCO.

Fi !
Laisse-le donc aller.

PHÉNICE.

Paroles ! sur ma vie !

ROGER.

Soyez tranquille, allez, il n'en a guère envie !
Jamais dans son esprit ce projet n'est entré.

CADUCO.

Il ira !

ROGER.

Vous verrez qu'il n'ira pas !

PAROLES.

J'irai.

PHÉNICE.

Ciel !

ROGER, raillant.

Vrai ?

PAROLES.

Foi de soldat !

SCÈNE III.

ROGER.

Oui, demain.

PAROLES.

Tout de suite !
— J'essaierai ce qu'on peut. — Je verrai. Je vous quitte
Pour aller dans ma tente à deux pas m'habiller ;
Et pour coucher un peu mon plan sur le papier.
Je ne crains ni le fer, ni les eaux, ni les flammes,
Lorsque l'honneur m'appelle. Un seul mot, bonnes lames :
Si vous restez encore une minute ici,
Vous me verrez partir dans un moment. Voici
La nuit close déjà. Je me hâte. Tu voles,
O temps ! et moi, je hais de te perdre en paroles.

ROGER, riant.

Comme un poisson hait l'eau.

(Paroles sort. La nuit est tout à fait tombée.)

SCÈNE IV.

LES MÊMES, excepté PAROLES.

ROGER.

Le maraud ! de quel front
Il s'engage, sans peur du rire et de l'affront,
A tenter, fanfaron qu'un fer tiré fait blême,
Une action qu'il sait impossible lui-même !

CADUCO.

Impossible ? — Jeune homme, il reviendra vainqueur !

PHÉNICE.

L'impossible toujours a tenté tout grand cœur.

ROGER.

Or, sérieusement, vous croyez que le drôle
Est dans l'intention de tenir sa parole ?

PHÉNICE.

Pourquoi pas?

ROGER.

Et qu'il va courir un tel péril?..

PHÉNICE.

Eh! sans doute; autrement, pourquoi s'offrirait-il?

ROGER.

Par le ciel! il faut donc que je vous le démasque!
Voulez-vous vous prêter à mon projet fantasque?
Vous verrez le dessous de sa valeur.

PHÉNICE.

Pourquoi?
Je suis sûre de lui.

CADUCO.

J'en suis sûr aussi, moi.

ROGER.

Alors, c'est le moyen de me fermer la bouche.

PHÉNICE.

Voyons, que faut-il faire?

ROGER.

Envelopper la mouche
De toiles d'araignée. — En êtes-vous aussi,
Messieurs?

DU MAINE.

Volontiers.

PHÉNICE.

Mais...

ROGER.

Vous verrez. — Le voici.

SCÉNE V.

LES MÊMES; PAROLES, armé jusqu'aux dents.

PAROLES, les apercevant. A part.

Ah!

(Comme ne les voyant pas. Méditant.)

C'est bien, le danger est terrible, n'importe!
Et j'ensanglanterais ma mort d'étrange sorte!
— Viens, ne fais pas défaut, mon épée, à mon bras,
Et mon bras, j'en réponds, ne te manquera pas.

(Il feint de les apercevoir.)

Quoi! vous encore, enfants? Rentrez donc.

ROGER, à part.

Il m'assomme,
Le lâche!

PHÉNICE, à part.

Il me ravit.

CADUCO, à part.

Il m'ébahit. Quel homme!

PHÉNICE.

Soyez prudent, Parole.

PAROLES.

Eh! vous me connaissez!
Je ne puis par malheur me contenir assez.
Je ne vous promets rien; — rien, excepté la gloire
Qui devra rejaillir sur vous de ma victoire.
Si je succombe, dam! — bien des femmes, cher cœur,
Sangloteront alors; — vous mènerez le chœur.
Beau spectacle!

PHÉNICE, pleurant.

Au revoir.

PAROLES.

Va, bientôt, pauvre femme,
Je viens mettre à tes pieds ce tambour et mon âme.

(Il serre la main à tous, les reconduit jusqu'aux tentes, et fait quelques pas du côté de l'ennemi; mais il revient précipitamment d'un pied léger sur le devant du théâtre. Les autres reviennent bientôt aussi sans bruit derrière lui et s'écheionnent dans l'ombre derrière les buissons et les arbres.)

SCÈNE VI.

PAROLES, LES AUTRES CACHÉS.

PAROLES.

Partis! me voilà seul, tout seul, trop seul, mon Dieu! —
La, mes genoux! — Voyons, réfléchissons un peu.
Je tremble, il fait si chaud! — Qu'est-ce que je vais faire?
Rester ici caché, d'abord, la chose est claire;
Je ne vais pas du camp, je sais bien, m'écarter!
Mais que vais-je leur dire au retour? qu'inventer?
Quelle histoire bâtir à l'histoire contraire?
Tu vois où tu me mets, ma langue! Ah! téméraire,
Tu braves tout, ardente aux propos triomphants...
— Mais mon cœur n'aime, lui, ni Mars ni ses enfants.
Mon pauvre faible cœur te dément, imprudente!

ROGER, à part.

C'est le premier mot vrai qu'elle ait dit, l'impudente!

PAROLES.

Quel démon me poussait quand je me suis chargé
De ravoir ce tambour? Où me suis-je engagé?
Dans quel sot cul-de-sac d'une action terrible?
Avais-je donc vraiment soif de gloire impossible?
— Soif de mon sang! non pas. — Si, pour m'en retirer,
J'osais d'une blessure, hélas! me balafrer!

SCÈNE VI.

L'oserai-je? — Il faudrait une plaie effroyable
Pour les convaincre un peu, ces saints Thomas du diable!
On ne sort qu'en morceaux d'un jeu comme cela!
Enfin essayons. — Haï! — Du courage! — Oh! la! la!
— C'est que je saigne presque avec cette chimère.
Pauvre moi! je me porte un intérêt de mère!
La! la! — Chienne de langue! ah! je te couperais
Si tu ne me tenais, bâtarde, d'aussi près!

DU MAINE, caché.

Qu'un pareil cuistre, avec sa lâche conscience,
Prenne ainsi des dehors d'honneur et de vaillance!

PAROLES, rêvant.

Si je me transformais mes habits en haillons!
— Ma bonne lame, vierge encor des bataillons,
Si je la brisais!

ROGER, caché.

Peuh! misérable défaite!

PAROLES.

Je puis couper ma barbe et jurer sur ma tête
Que c'était une ruse adroite...

DU MAINE, caché.

Maladroit!

PAROLES.

Racontons-leur qu'au fort j'ai sauté d'un grand toit,
D'un toit fait pour les chats courant sur les ardoises,
D'un toit haut...

ROGER, caché.

De combien?...

PAROLES.

Haut de trente-deux toises.

— Noyons mes vêtements; je dirais, ainsi nu,
Que l'on m'a dépouillé.

DU MAINE, caché.

Non, moyen saugrenu !

PAROLES, désespéré.

N'est-il pas dans un coin quelque tambour honnête?
Ma trouvaille pourrait passer pour ma conquête.

ROGER.

A nous, messieurs! Donnons à ses vœux de l'écho!
(Roulement de tambour.)

PAROLES, effrayé.

Un tambour ennemi!

SCÈNE VII.

ROGER, CADUCO, DU MAINE, PHÉNICE, DEUX OFFICIERS, sortent de leurs cachettes et tombent sur Paroles. — Des soldats portent des torches.

TOUS, criant et déguisant leurs voix.

Cargo! cargo! cargo!
(On lui met un mouchoir sur les yeux.)

PAROLES.

Quartier, messieurs, quartier! — Mes yeux! on me les bande!

ROGER, d'un ton terrible.

Throca morovousus par corbo villiande!

PAROLES.

Grâce! pardon! pitié!.

ROGER.

Boskos thromu boskos!

PAROLES, épouvanté.

Oui, vous êtes, je vois, la troupe de Muskos,
Et vous m'allez tuer, faute de me comprendre!
Nul de vous n'aurait-il ce service à me rendre
D'être Allemand? Danois? Italien? Français?
Qu'il parle! et je dirai des choses que je sais,
Et qui seraient bientôt la perte de Florence.

ROGER.

Boskos ravanvado. — Parle, je suis de France.

PAROLES.

Ah! merci, mon sauveur!

ROGER.

Mais prends garde, ma foi!
L'ami. Dix-sept poignards sont levés contre toi.

PAROLES.

Heuh!

ROGER.

Dieu te va juger. Foscorbin. En prière.
— Chamodovania?

DU MAINE, d'un ton de clémence.

Dulche volivorriere.

ROGER.

Le général consent à t'épargner encor;
Mais tu lui fourniras...

PAROLES.

... Des renseignements d'or
Sur nos forces, nos plans; tout pour sauver ma tête!

ROGER, bas à Phénice.

Eh bien?

PHÉNICE, bas.

Ah! j'en ai honte!

CADUCO, bas.

Et moi, j'en deviens bête.

DU MAINE, de même.

Quel gueux !

PHÉNICE, de même.

Mais avec vous je veux du moins, Roger,
Le confondre, et moi-même ici l'interroger.
Laissez-moi ce plaisir, dites, monsieur du Maine.

DU MAINE.

Faites à votre gré, vous êtes notre reine.

PHÉNICE, grossissant sa voix.

Porto tartaros.

PAROLES.

Quoi ?

ROGER.

Réponds aux questions
Du général lui-même.

PAROLES.

Ah ! bien !

PHÉNICE.

Les bastions
De la porte du Nord, y fait-on bonne garde,
Drôle ?

PAROLES.

Non, pas du tout, et, par cette cocarde !
Je vous les livrerai, monseigneur, dès ce soir.
Voulez-vous ?

PHÉNICE.

On verra. Fais-nous toujours savoir
A combien votre armée en ce moment se monte.

SCÈNE VII.

PAROLES.

Bon! attendez. — D'abord mille chevaux. — Je compte
D'une part dix-huit cents, douze cents d'autre part,
Trois mille fantassins, — mais soldats de hasard,
Comme je n'en ai pas commandé dans mes guerres.
Et puis leurs officiers sont de si tristes hères!

PHÉNICE.

Oui-da? — Vous écrivez ce que ce maraud dit?

PAROLES.

Écrivez, écrivez! et que je sois maudit
Si je mens de cela. Notez-vous : tristes hères?

ROGER.

C'est écrit.

PAROLES.

Merci bien.

CADUCO.

En voilà de sévères!

DU MAINE, bas à Phénice

Mettez-le sur mon compte. Aggravons nos griefs.

PHÉNICE, à Paroles.

Qu'est-ce donc qu'un certain du Maine, un de vos chefs?

PAROLES.

Je l'ai vu ravaudeur à Paris. Pauvre sire!
Sa plus grande action est d'avoir pu séduire
Certaine mendiante, enfant perdu, sans nom,
Sourde-muette, qui n'a pu lui dire non.

DU MAINE, furieux.

Une telle impudeur se donnera carrière?

CADUCO.

Tenez-le, moi je vais le frapper par derrière!

PHÉNICE, les contenant.

Messieurs!... — Connaissez-vous le lieutenant Roger?

PAROLES.

Que trop! — Un sot Achille, amoureux du danger,
Qui cherche en tous combats une gloire nouvelle.
Il y risque si peu de sang et de cervelle!
C'est un de ces transis faits de papier mâché,
Ennuyés, ennuyeux, blêmes, le front penché,
Avec de longs cheveux épars sur leurs épaules,
Bêtes comme des pots, pleureurs comme des saules,
Un morne songe-creux, prétentieux vainqueur,
Sans couleur à la joue et sans chaleur au cœur,
Vrai héros du roman où toute femme aspire,
Qui ne respire pas, non mordieu! — qui soupire!
— Aussi j'ai supplanté ce rêveur à bon droit
Près d'une Florentine, un bijou de l'endroit,
Phénice Donati, la fille d'un Cassandre,
D'un Caduco, lequel m'aimerait fort pour gendre!
— Ah! messieurs, que la vie est triste en vérité
Pour qui sait comme moi la voir du vrai côté!

PHÉNICE.

Quel est ce Caduco?

PAROLES.

La bêtise incarnée!
Vieux bambin qui ne semble âgé que d'une année!
Qui dit sans cesse: — Eh quoi! se peut-il! bah! vraiment! —
Et dont toute la vie est un étonnement.
De rien, à soixante ans, il n'a pris l'habitude.
D'ordinaire, tenez, voilà son attitude.

(Il lève les bras et ouvre une bouche béante au moment où Caduco stupéfait a pris précisément la même posture.)

SCÈNE VII.

Ce gros, jeune et naïf point d'exclamation
Honore immensément... la ponctuation.

CADUCO.

Fer et flamme!
(On le contient.)

ROGER.

Je vois à la mine peu tendre
Du général en chef, ami, qu'on te va pendre.

PAROLES, sautant de peur.

Me pendre! et mes péchés! Non, vivre dans un trou!
Au cachot! dans les fers! mais vivre! n'importe où!

PHÉNICE.

Qu'est-ce encor que Phénice?

PAROLES.

Une fille charmante.

PHÉNICE, charmée.

Tout de bon?

PAROLES.

Tout de bon. Et cette Bradamante
Dont, en attendant mieux, je suis l'adorateur
Raffole à deux genoux de votre serviteur.

PHÉNICE.

Ah bah!

PAROLES, à son oreille.

Pauvre petite! elle s'est mis en tête
Que je l'épouserais. Je ne suis pas si bête.
La virago! J'irais me mettre sur les bras
Ce céleste démon, héroïque embarras!
Non certe! Un Mars en jupe, une Vénus bravache,
Qui toujours dans votre air fait siffler sa cravache!
Amazone qu'il faut le soir escalader!
Son aiguille a trois pieds! — Moi, je tiens à garder,

Non mon cœur de ses traits, mais mes yeux de sa pique.
C'est une rose, soit, mais rose où l'on se pique.
— Hai! hai! vous me pincez, général!

PHÉNICE.

Malheureux!
De tous ces gens de bien dire ce mal affreux!
Tu vas mourir.

PAROLES, se débattant.

Pourquoi? Parce que la Phénice,
Minerve avec laquelle il sied qu'on en finisse,
Me prenant pour mari, me prendrait pour valet,
Et que j'aime bien mieux la duper, s'il vous plaît,
En faire mon amante et changer la coquette
En victime.

PHÉNICE, exaspérée.

Bourreau! fais-lui sauter la tête.

PAROLES.

Ah! Dieu! laissez-moi voir ma mort en face au moins!
Qu'on me juge!
(Il arrache son bandeau. Jetant un cri de surprise à la vue de tous les assistants qui rient.)
Ah!

PHÉNICE.

Jugé! tu l'es — par dix témoins.

PAROLES, accablé.

Ciel!

(Prenant son parti et relevant impudemment la tête.)
Bah! je l'aime autant.

DU MAINE.

Adieu, grand capitaine,
Vous entendrez parler du ravaudeur du Maine.
(Il sort.)

ROGER.

Adieu, noble héros, qui crains de déroger,
N'est-ce pas, en rossant le songe-creux Roger!

PHÉNICE.

Attendez, cher Roger. — Ta victime Phénice,
Beau vainqueur, te salue, et... que Dieu te bénisse!

(Elle donne la main à Roger et sort avec lui. Caduco s'approche à
son tour de Paroles, cherche, ne trouve rien, se lève alors sur la
pointe du pied, et lui souffle au nez, puis s'éloigne majestueusement. Le reste des assistants sort aussi en riant aux éclats.)

SCÈNE VIII.

PAROLES, seul.

Bon! je me moque bien de leur rire moqueur!
Mais où donc en serais-je, hein, si j'avais du cœur?
Ce coup le briserait. Dieu soit loué! j'en manque. —
Ils ne m'en ont pas moins pris pour leur saltimbanque,
Et ma noce est au diable! — Ah! peste! ils étaient dix,
Nul n'a pu m'avertir de leurs complots maudits!

(Aux spectateurs.)

Pas même vous, Messieurs! ni vous non plus, Mesdames.
Ah! j'aurais cru pouvoir compter plus sur les femmes;
C'est mal. — Après cela, j'entends votre raison,
Je sais... Vous aimiez mieux me voir rester garçon.

FIN.

TABLE

	Pages.
HAMLET.	1
FALSTAFF.	145
Prologue.	147
I. La Grand'route.	154
II. La Taverne.	166
III. Le Grand-Juge.	185
IV. Les Recrues.	204
V. La Bataille.	210
VI. La Couronne.	225
VII. L'Avénement.	239
PAROLES.	255

SEIZE SUJETS DE HAMLET

DESSINÉS ET LITHOGRAPHIÉS

PAR

EUGÈNE DELACROIX

Les seize dessins d'Eugène Delacroix, lithographiés par lui-même, d'après les principales scènes d'*Hamlet*, sont célèbres dans le monde des amateurs et des artistes. Il n'en avait été tiré pourtant qu'un très-petit nombre d'épreuves; trois de ces lithographies sont même entièrement inédites. La série, aujourd'hui complétée par ces trois compositions, forme la plus splendide interprétation de l'œuvre de Shakespeare.

Les scènes reproduites sont :

I. Hamlet songeant à son père mort.
II. Le spectre du père d'Hamlet appelant son fils.
III. La révélation du spectre.
IV. Hamlet et Polonius. « Des mots, des mots, des mots. »
V. Hamlet et Ophélie. « Va-t'en dans un couvent! » (*Inédit.*)
VI. La scène du théâtre.
VII. Les joueurs de flûte.

VIII. La prière du roi.

IX. Les reproches d'Hamlet à sa mère.

X. « Qu'est-ce donc? un rat. »

XI. Le cadavre de Polonius.

XII. La folie d'Ophélie. (*Inédit.*)

XIII. La mort d'Ophélie.

XIV. Le crâne d'Yorick.

XV. La lutte dans la fosse. (*Inédit.*)

XVI. La mort d'Hamlet.

L'album complet des seize lithographies, tirées à 200 exemplaires seulement, par Bertauts, coûte :

Épreuves sur papier blanc. . . . . 30 fr.

Épreuves sur papier de Chine. . . . . 40 fr.

Chaque épreuve séparée. . . . . 4 fr.

La mort d'Ophélie. . . . . 6 fr.

Chez **DUSACQ** et Cⁿ, éditeurs d'estampes, boulevard Poissonnière, 10.

MICHEL LÉVY frères, rue Vivienne, 2 *bis*, et à la Librairie Nouvelle, boulevard des Italiens, 15.

PAGNERRE, libraire-éditeur, rue de Seine, 18.

FRANÇOIS-VICTOR HUGO
TRADUCTEUR.

OEUVRES COMPLÈTES
DE
W. SHAKESPEARE
AVEC
UNE INTRODUCTION
PAR
VICTOR HUGO

Cette traduction, la seule exacte, la seule complète, est faite non sur la traduction de Letourneur, mais sur le texte de Shakespeare. On sait que la version de Letourneur a servi de type à toutes les traductions publiées jusqu'ici et qu'elle est restée bien loin de l'original.

M. François-Victor Hugo a complété ce monument, élevé à Shakespeare, par la reproduction des chroniques et des légendes, aujourd'hui oubliées, sources de tant de chefs-d'œuvre.

Nouvelle par la forme, nouvelle par les compléments, nouvelle par les révélations critiques et historiques, cette traduction sera nouvelle surtout par l'association de deux noms. Elle offrira au lecteur cette nouveauté dernière : l'auteur de *Ruy-Blas* commentant l'auteur d'*Hamlet*.

DIVISION DE L'OUVRAGE

I. — LES DEUX HAMLET.

II. — LES FÉERIES.
LE SONGE D'UNE NUIT D'ÉTÉ.
LA TEMPÊTE.

III. — LES TYRANS.
MACBETH.
LE ROI JEAN.
RICHARD III.

IV. — LES JALOUX. I.
TROYLUS ET CRESSIDA.
BEAUCOUP DE BRUIT POUR RIEN.
LE CONTE D'HIVER.

V. — LES JALOUX. II.
CYMBELINE.
OTHELLO.

VI. — LES COMÉDIES DE L'AMOUR.
LA SAUVAGE APPRIVOISÉE.
TOUT EST BIEN QUI FINIT BIEN.
PEINES D'AMOUR PERDUES.

VII. — LES AMANTS TRAGIQUES.
ANTOINE ET CLÉOPATRE.
ROMÉO ET JULIETTE.

VIII. — LES AMIS.
DEUX GENTILSHOMMES DE VÉRONE.
LE MARCHAND DE VENISE.
COMME IL VOUS PLAIRA.

IX. — LA FAMILLE.
CORIOLAN.
LE ROI LEAR.

X. — LA SOCIÉTÉ.
MESURE POUR MESURE.
TIMON D'ATHÈNES.
JULES CÉSAR.

XI. — LA PATRIE. I.
RICHARD II.
HENRI IV (1re partie).
HENRI IV (2e partie).

XII. — LA PATRIE. II.
HENRI V.
HENRI VI (1re partie).

XIII. — LA PATRIE. III.
HENRI VI (2e partie).
HENRI VI (3e partie).
HENRI VIII.

XIV. — LES FARCES.
LES JOYEUSES ÉPOUSES DE WINDSOR.
COMÉDIE D'ERREURS.
LA NUIT DES ROIS.

XV. — LES SONNETS ET LES POÈMES.

Chaque volume, format in-8°, contenant
UNE INTRODUCTION, DES NOTES ET UN APPENDICE
SE VEND SÉPARÉMENT
Trois francs cinquante centimes.
Exemplaires d'amateurs sur fort papier vélin vergé, glacé et satiné.
Chaque volume : 7 francs.

PARIS. — IMPRIMERIE DE J. CLAYE, RUE SAINT-BENOIT, 7.

PAUL MEURICE

THÉATRE

SOUS PRESSE :

ANTIGONE, DE SOPHOCLE

1er volume de : ÉTUDES ET COPIES.

En préparation :

BENVENUTO CELLINI.
SCHAMYL.
PARIS.
L'AVOCAT DES PAUVRES.
FANFAN LA TULIPE.
LE MAITRE D'ÉCOLE.
LE ROI DE BOHÊME.
LES BEAUX MESSIEURS DE BOIS-DORÉ.
FRANÇOIS LES BAS-BLEUS.

PARIS. — J. CLAYE, IMPRIMEUR, RUE SAINT-BENOIT, 7.

www.ingramcontent.com/pod-product-compliance
Lightning Source LLC
Chambersburg PA
CBHW050639170426
43200CB00008B/1079